U0081666

書名：趙連城秘傳楊公地理真訣
系列：心一堂術數古籍珍本叢刊　堪輿類
作者：〔明〕趙連城

主編、責任編輯：陳劍聰
心一堂術數古籍珍本叢刊編校小組：陳劍聰　素聞　梁松盛　鄒偉才　虛白盧主

出版：心一堂有限公司
地址／門市：香港九龍尖沙咀東麼地道六十三號好時中心LG 六十一室
電話號碼：+852-6715-0840
網址：www.sunyata.cc
電郵：sunyatabook@gmail.com
網上書店：http://book.sunyata.cc
網上論壇：http://bbs.sunyata.cc/

版次：二零一四年四月初版
平裝

　　　港幣　二百七十元正
定價：人民幣　二百七十元正
　　　新台幣　九百八十元正

國際書號：ISBN 978-988-8266-65-4

香港及海外發行：香港聯合書刊物流有限公司
地址：香港新界大埔汀麗路三十六號中華商務印刷大廈三樓
電話號碼：+852-2150-2100
傳真號碼：+852-2407-3062
電郵：info@suplogistics.com.hk

台灣發行：秀威資訊科技股份有限公司
地址：台灣台北市內湖區瑞光路七十六巷六十五號一樓
電話號碼：+886-2-2796-3638
傳真號碼：+886-2-2796-1377
網路書店：www.govbooks.com.tw
　　　　　www.bodbooks.com.tw
經銷：易可數位行銷股份有限公司
地址：台灣新北市新店區寶橋路二三五巷六弄三號五樓
電話號碼：+886-2-8911-0825
傳真號碼：+886-2-8911-0801
email：book-info@ecorebooks.com
易可部落格：http://ecorebooks.pixnet.net/blog

中國大陸發行・零售：心一堂書店
深圳地址：中國深圳羅湖立新路六號東門博雅負一層零零八號
電話號碼：+86-755-8222-4934
北京地址：中國北京東城區雍和宮大街四十號
心一店淘寶網：http://sunyatacc.taobao.com

心一堂術數古籍 珍本 整理 叢刊 總序

術數定義

術數，大概可謂以「推算（推演）、預測人（個人、群體、國家等）、事、物、自然現象、時間、空間方位等規律及氣數，並或通過種種『方術』，從而達致趨吉避凶或某種特定目的」之知識體系和方法。

術數類別

我國術數的內容類別，歷代不盡相同，例如《漢書・藝文志》中載，漢代術數有六類：天文、曆譜、五行、蓍龜、雜占、形法。至清代《四庫全書》，術數類則有：數學、占候、相宅相墓、占卜、命書、相書、陰陽五行、雜技術等，其他如《後漢書・方術部》、《藝文類聚・方術部》、《太平御覽・方術部》等，對於術數的分類，皆有差異。古代多把天文、曆譜、及部份數學均歸入術數類，而民間流行亦視傳統醫學作為術數的一環；此外，有些術數與宗教中的方術亦往往難以分開。現代學界則常將各種術數歸納為五大類別：命、卜、相、醫、山，通稱「五術」。

本叢刊在《四庫全書》的分類基礎上，將術數分為九大類別：占筮、星命、相術、堪輿、選擇、三式、讖諱、理數（陰陽五行）、雜術（其他）。而未收天文、曆譜、算術、宗教方術、醫學。

術數思想與發展——從術到學，乃至合道

我國術數是由上古的占星、卜筮、形法等術發展下來的。其中卜筮之術，是歷經夏商周三代而通過

「龜卜、蓍筮」得出卜（筮）辭的一種預測（吉凶成敗）術，之後歸納並結集成書，此即現傳之《易經》。經過春秋戰國至秦漢之際，受到當時諸子百家的影響、儒家的推崇，遂有《易傳》等的出現，原本是卜筮術書的《易經》，被提升及解讀成有包涵「天地之道（理）」之學。因此，《易・繫辭傳》曰：「易與天地準，故能彌綸天地之道。」

漢代以後，易學中的陰陽學說，與五行、九宮、干支、氣運、災變、律曆、卦氣、讖緯、天人感應說等相結合，形成易學中象數系統。而其他原與《易經》本來沒有關係的術數，如占星、形法、選擇，亦漸漸以易理（象數學說）為依歸。《四庫全書・易類小序》云：「術數之興，多在秦漢以後。要其旨，不出乎陰陽五行，生尅制化。實皆《易》之支派，傳以雜說耳。」至此，術數可謂已由「術」發展成「學」。

及至宋代，術數理論與理學中的河圖洛書、太極圖、邵雍先天之學及皇極經世等學說給合，通過術數以演繹理學中「天地中有一太極，萬物中各有一太極」（《朱子語類》）的思想。術數理論不單已發展至十分成熟，而且也從其學理中衍生一些新的方法或理論，如《梅花易數》、《河洛理數》等。

在傳統上，術數功能往往不止於僅僅作為趨吉避凶的方術，及「能彌綸天地之道」的學問，亦有其「修心養性」的功能，「與道合一」（修道）的內涵。《素問・上古天真論》：「上古之人，其知道者，法於陰陽，和於術數。」數之意義，不單是外在的算數、歷數、氣數，而是與理學中同等的「道」、「理」--心性的功能，北宋理氣家邵雍對此多有發揮：「聖人之心，是亦數也」、「萬化萬事生乎心」、「心為太極」。《觀物外篇》：「先天之學，心法也。……蓋天地萬物之理，盡在其中矣，心一而不分，則能應萬物。」反過來說，宋代的術數理論，受到當時理學、佛道及宋易影響，認為心性本質上是等同天地之太極。天地萬物氣數規律，能通過內觀自心而有所感知，即是內心也已具備有術數的推演及預測、感知能力；相傳是邵雍所創之《梅花易數》，便是在這樣的背景下誕生。

《易・文言傳》已有「積善之家，必有餘慶；積不善之家，必有餘殃」之說，至漢代流行的災變說及讖緯說，我國數千年來都認為天災，異常天象（自然現象），皆與一國或一地的施政者失德有關；下至家族、個人之盛衰，也都與一族一人之德行修養有關。因此，我國術數中除了吉凶盛衰理數之外，人心的德行修養，也是趨吉避凶的一個關鍵因素。

術數與宗教、修道

在這種思想之下，我國術數不單只是附屬於巫術或宗教行為的方術，又往往是一種宗教的修煉手段——通過術數，以知陰陽，乃至合陰陽（道）。「其知道者，法於陰陽，和於術數。」例如，「奇門遁甲」術中，即分為「術奇門」與「法奇門」兩大類。「法奇門」中有大量道教中符籙、手印、存想、內煉的內容，是道教內丹外法的一種重要外法修煉體系。甚至在雷法一系的修煉上，亦大量應用了術數內容。此外，相術、堪輿術中也有修煉望氣（氣的形狀、顏色）的方法；堪輿家除了選擇陰陽宅之吉凶外，也有道教中選擇適合修道環境（法、財、侶、地中的地）的方法，以至通過堪輿術觀察天地山川陰陽之氣，亦成為領悟陰陽金丹大道的一途。

易學體系以外的術數與的少數民族的術數

我國術數中，也有不用或不全用易理作為其理論依據的，如揚雄的《太玄》、司馬光的《潛虛》。也有一些占卜法、雜術不屬於《易經》系統，不過對後世影響較少而已。

外來宗教及少數民族中也有不少雖受漢文化影響（如陰陽、五行、二十八宿等學說）但仍自成系統的術數，如古代的西夏、突厥、吐魯番等占卜及星占術，藏族中有多種藏傳佛教占卜術、苯教占卜術、擇吉術、推命術、相術等；北方少數民族有薩滿教占卜術；不少少數民族如水族、白族、布朗族、佤族、彝族、苗族等，皆有占雞（卦）草卜、雞蛋卜等術，納西族的占星術、占卜術，彝族畢摩的推命術、占卜術……等等，都是屬於《易經》體系以外的術數。相對上，外國傳入的術數以及其理論，對我國術數影響更大。

曆法、推步術與外來術數的影響

我國的術數與曆法的關係非常緊密。早期的術數中，很多是利用星宿或星宿組合的位置（如某星在某州或某宮某度）付予某種吉凶意義，并據之以推演，例如歲星（木星）、月將（某月太陽所躔之宮次）等。不過，由於不同的古代曆法推步的誤差及歲差的問題，若干年後，其術數所用之星辰的位置，已與真實星辰的位置不一樣了；此如歲星（木星），早期的曆法及術數以十二年為一周期（以應地支），與木星真實周期十一點八六年，每幾十年便錯一宮。後來術家又設一「太歲」的假想星體來解決，是歲星運行的相反，週期亦剛好是十二年。而術數中的神煞，很多即是根據太歲的位置而定。又如六壬術中的「月將」，原是立春節氣後太陽躔娵訾之次而稱作「登明亥將」，至宋代，因歲差的關係，要到雨水節氣後太陽才躔娵訾之次，當時沈括提出了修正，但明清時六壬術中「月將」仍然沿用宋代沈括修正的起法沒有再修正。

由於以真實星象周期的推步術是非常繁複，而且古代星象推步術本身亦有不少誤差，大多數術數除依曆書保留了太陽（節氣）、太陰（月相）的簡單宮次計算外，漸漸形成根據干支、日月等的各自起例，以起出其他具有不同含義的眾多假想星象及神煞系統。唐宋以後，我國絕大部份術數都主要沿用這一系統，也出現了不少完全脫離真實星象的術數，如《子平術》、《紫微斗數》、《鐵版神數》等。後來就連一些利用真實星辰位置的術數，如《七政四餘術》及選擇法中的《天星選擇》，也已與假想星象及神煞混合而使用了。

隨着古代外國曆（推步）、術數的傳入，如唐代傳入的印度曆法及術數，元代傳入的回回曆等，其中我國占星術便吸收了印度占星術中羅睺星、計都星等而形成四餘星，又通過阿拉伯占星術而吸收了其中來自希臘、巴比倫占星術的黃道十二宮、四元素學說（地、水、火、風），並與我國傳統的二十八宿、五行說、神煞系統並存而形成《七政四餘術》。此外，一些術數中的北斗星名，不用我國傳統的星名：天樞、天璇、天璣、天權、玉衡、開陽、搖光，而是使用來自印度梵文所譯的：貪狼、巨門、祿存、文曲，廉貞、武曲、破軍等，此明顯是受到唐代從印度傳入的曆法及占星術所影響。如星命術的《紫微斗數》及堪輿術的《撼龍經》等文獻中，其星皆用印度譯名。及至清初《時憲曆》，置閏之法則改用西法「定氣」。清代以後的術數，又作過不少的調整。

陰陽學——術數在古代、官方管理及外國的影響

術數在古代社會中一直扮演着一個非常重要的角色，影響層面不單只是某一階層、某一職業、某一年齡的人，而是上自帝王，下至普通百姓，從出生到死亡，不論是生活上的小事如洗髮、出行等，大事如建房、入伙、出兵等，從個人、家族以至國家，從天文、氣象、地理到人事、軍事，從民俗、學術到宗教，都離不開術數的應用。我國最晚在唐代開始，已把以上術數之學，稱作陰陽（學），行術數者稱陰陽人。（敦煌文書、斯四三二七唐《師師漫語話》：「以下說陰陽人謾語話」，此說法後來傳入日本，今日本人稱行術數者為「陰陽師」）。一直到了清末，欽天監中負責陰陽術數的官員中，以及民間術數之士，仍名陰陽生。

古代政府的中欽天監（司天監），除了負責天文、曆法、輿地之外，亦精通其他如星占、選擇、堪輿等術數，除在皇室人員及朝庭中應用外，也定期頒行日書、修定術數，使民間對於天文、日曆用事吉

凶及使用其他術數時，有所依從。

中國古代政府對官方及民間陰陽學及陰陽官員，從其內容、人員的選拔、培訓、認證、考核、律法監管等，都有制度。至明清兩代，其制度更為完善、嚴格。

宋代官學之中，課程中已有陰陽學及其考試的內容。（宋徽宗崇寧三年〔一一零四年〕崇寧算學令：「諸學生習……並曆算、三式、天文書。」，「諸試……三式即射覆及預占三日陰陽風雨。天文即預定一月或一季分野災祥，並以依經備草合問為通。」

金代司天臺，從民間「草澤人」（即民間習術數之士）考試選拔：「其試之制，以《宣明曆》試推步，及《婚書》、《地理新書》試合婚、安葬，並《易》筮法，六壬課、三命、五星之術。」（《金史》卷五十一・志第三十二・選舉一）

元代為進一步加強官方陰陽學對民間的影響、管理、控制及培育，除沿襲宋代、金代在司天監掌管陰陽學及中央的官學陰陽學課程之外，更在地方上增設陰陽學之課程（《元史・選舉志一》：「世祖至元二十八年夏六月始置諸路陰陽學。」）地方上也設陰陽學教授員，培育及管轄地方陰陽人。（《元史・選舉志一》：「（元仁宗）延祐初，令陰陽人依儒醫例，於路、府、州設教授員，凡陰陽人皆管轄之，而上屬於太史焉。」）自此，民間的陰陽術士（陰陽人），被納入官方的管轄之下。

至明清兩代，陰陽學制度更為完善。中央欽天監掌管陰陽學，明代地方縣設陰陽學正術，各州設陰陽學典術，各縣設陰陽學訓術。陰陽人從地方陰陽學肄業或被選拔出來後，再送到欽天監考試。（《大明會典》卷二二三：「凡天下府州縣舉到陰陽人堪任正術等官者，俱從吏部送（欽天監），考中，送回選用；不中者發回原籍為民，原保官吏治罪。」）清代大致沿用明制，凡陰陽術數之流，悉歸中央欽天監及地方陰陽官員管理、培訓、認證。至今尚有「紹興府陰陽印」、「東光縣陰陽學記」等明代銅印，及某某縣某某之清代陰陽執照等傳世。

清代欽天監漏刻科對官員要求甚為嚴格。《大清會典》「國子監」規定：「凡算學之教，設肄業生。滿洲十有二人，蒙古、漢軍各六人，於各旗官學內考取。漢十有二人，於舉人、貢監生童內考取。附學生二十四人，由欽天監選送。教以天文演算法諸書，五年學業有成，舉人引見以欽天監博士用，貢監生童以天文生補用。」學生在官學肄業、貢監生肄業或考得舉人後，經過了五年對天文、算法、陰陽學的學習，其中精通陰陽術數者，會送往漏刻科。而在欽天監供職的官員，《大清會典則例》「欽天監」規定：「本監官生三年考核一次，術業精通者，保題升用。不及者，停其升轉，再加學習。如能黽勉供職，即予開複。仍不及者，降職一等，再令學習三年，能習熟者，准予開複，仍不能者，黜退。」除定期考核以定其升用降職外，《大清律例》中對陰陽術士不準確的推斷（妄言禍福）是要治罪的。《大清律例．一七八．術七．妄言禍福》：「凡陰陽術士不許於大小文武官員之家妄言禍福，違者杖一百。其依經推算星命卜課，不在禁限。」大小文武官員延請的陰陽術士，自然是以欽天監漏刻科官員或地方陰陽官員為主。

官方陰陽學制度也影響鄰國如朝鮮、日本、越南等地，一直到了民國時期，鄰國仍然沿用着我國的多種術數。而我國的漢族術數，在古代甚至影響遍及西夏、突厥、吐蕃、阿拉伯、印度、東南亞諸國。

術數研究

術數在我國古代社會雖然影響深遠，「是傳統中國理念中的一門科學，從傳統的陰陽、五行、九宮、八卦、河圖、洛書等觀念作大自然的研究。……傳統中國的天文學、數學、煉丹術等，要到上世紀中葉始受世界學者肯定。可是，術數還未受到應得的注意。術數在傳統中國科技史、思想史，文化史、社會史，甚至軍事史都有一定的影響。……更進一步了解術數，我們將更能了解中國歷史的全貌。」（何丙郁《術數、天文與醫學中國科技史的新視野》，香港城市大學中國文化中心。）

可是術數至今一直不受正統學界所重視，加上術家藏秘自珍，又揚言天機不可洩漏，「（術數）乃吾國科學與哲學融貫而成一種學說，數千年來傳衍嬗變，或隱或現，全賴一二有心人為之繼續維繫，賴以不絕，其中確有學術上研究之價值，非徒癡人說夢，荒誕不經之謂也。其所以至今不能在科學中成立一種地位者，實有數困。蓋古代士大夫階級目醫卜星相為九流之學，多恥道之；而發明諸大師又故為惝恍迷離之辭，以待後人探索；間有一二賢者有所發明，亦秘莫如深，既恐洩天地之秘，復恐譏為旁門左道，始終不肯公開研究，成立一有系統說明之書籍，貽之後世。故居今日而欲研究此種學術，實一極困難之事。」（民國徐樂吾《子平真詮評註》，方重審序）

現存的術數古籍，除極少數是唐、宋、元的版本外，絕大多數是明、清兩代的版本。其內容也主要是明、清兩代流行的術數，唐宋以前的術數及其書籍，大部份均已失傳，只能從史料記載、出土文獻、敦煌遺書中稍窺一鱗半爪。

術數版本

坊間術數古籍版本，大多是晚清書坊之翻刻本及民國書賈之重排本，其中豕亥魚魯，或而任意增刪，往往文意全非，以至不能卒讀。現今不論是術數愛好者，還是民俗、史學、社會、文化、版本等學術研究者，要想得一常見術數書籍的善本、原版，已經非常困難，更遑論稿本、鈔本、孤本。在文獻不足及缺乏善本的情況下，要想對術數的源流、理法、及其影響，作全面深入的研究，幾不可能。

有見及此，本叢刊編校小組經多年努力及多方協助，在中國、韓國、日本等地區搜羅了一九四九年以前漢文為主的術數類善本、珍本、鈔本、孤本、稿本、批校本等數百種，精選出其中最佳版本，分別輯入兩個系列：

一、心一堂術數古籍珍本叢刊

二、心一堂術數古籍整理叢刊

前者以最新數碼技術清理、修復珍本原本的版面，更正明顯的錯訛，部份善本更以原色精印，務求更勝原本，以饗讀者。後者延請、稿約有關專家、學者，以善本、珍本等作底本，參以其他版本，進行審定、校勘、注釋，務求打造一最善版本，供現代人閱讀、理解、研究等之用。不過，限於編校小組的水平，版本選擇及考證、文字修正、提要內容等方面，恐有疏漏及舛誤之處，懇請方家不吝指正。

心一堂術數古籍 珍本 整理 叢刊編校小組

二零一三年九月修訂

認龍法

先看金龍動不動次看血脉認來龍金龍即水口也血脉是來水 先要観水口次看血脉認來龍即是秘訣也非人勿示

天南地北說東西不說東西有元微 五行真訣先人会悞說星辰說事非

地理千金歌訣

趙連成古聖人也明乾坤之道達陰陽之理分天地人之三盤傳七十二層之水法八卦三山分二十四向分金註定單向兼向收納沙水之法課宜格局之造造論補山而相主查避凶以趨吉召諸貴人定主生發尚有後學之士不遵先生之教如違單向兼向強為收沙納水妄作者世人造葬而主敗絕者多發福者少如斯悞人其過甚大此傳之後務宜依法心思月朗日明合古人之造課及先師而立穴何世人造葬未有不

發福者而地師可以無大過矣

論三元論龍

子午卯酉天元龍為父母寅申巳亥人元

龍為順子辰戌丑未地元龍為逆子

論八山二十四向分金

乾卦在午坤卦在卯坎卦在辰艮卦在寅震卦在申巽

卦在酉離卦在亥兌卦在巳詩曰

八煞黄泉一个真七個不真又不灵

論墓龍坐向法

辰戌丑未向合得去水明堂吉

辰戌丑未兼别向别向兼辰戌丑未者為

大夾煞也錯乱陰陽不可当主人敗絶

及少亡

辨断山向砂水訣

坤艮兼丑未出瘋顛如寅甲龍寅申兼甲

庚有巽風吹者主出痲瘋瘍脚若有冬

瓜砂在夾杀上便出瘍脚

乾巽兼辰戌如左边有風煞依房分案山

空濕断出瘋症

巽卦不怕北風吹卦ミ山ミ不待杀如有

埃眼案砂断出瘋眼

卦ミ山ミ有坟前但有高墩如手擎下爬

沙者煞依房分所管断出啞仔若左边

敗杀到穴断亡人吹骨居右如右边到

穴敗杀吹骨居左明堂陽風吹穴斷生有蟻陰風掃穴斷吹散屍骨棺木糜爛而已向坐照依鐵筆所斷宿度正陰陽二度是為吉向ㄚ敗杀者敗則從耄沙斷以定吉凶好歹之言也

論扦穴斷分房分訣

依龍氣而扦穴沙水有閑顧者此言有地沙水無閑顧者雖有地則房分而不均勻二五八管明堂案山坐下若無真氣脉那怕前面萬重山此謂案山高而妄地也案山一重高一重兒孫永不窮一四七房管青耄左肩沙有閑顧者主長房青耄彎顧者主癸四房青龍若抽長沙过案如不低頭者主癸七房三六九房右沙彎抱者主癸三房水來潮者案山坪正主癸二房水來明堂横过不側瀉者主癸五房白虎正龍沙彎抱閑顧者主癸三房白虎右边如筆架山主三六九房出文峯白虎若抽長沙者主癸六九房正龍後背不拘長短或十丈二十丈現地坪者癸八房如左边沙重〻清秀彎抱閑顧者癸十房明堂案山不側不瀉重〻坪癸十二房青耄沙以墓堂倘若沙空而見沙敗者絕長房青龍墓堂依沙水出絕四房青龍嘴上空短缺絕

七房左背沙空漏堂局歪居右边出者絕五房白虎沙如空瀉反出墓堂不相顧者絕三房明堂案山側瀉者敗二房去水明絕二房白虎嘴上丟堂局缺沙水絕六房白虎嘴上依二房堂局側瀉者絕九房左边沙三四重不相顧者絕十房案山四重不相顧者絕十二房左水倒右右沙収水者發得悠久右水側左左沙収水者發得悠久翻身逆結水来潮不怕下沙美不美順龍恐怕割脚水逆龍不怕割脚水逆龍逆穴順水到川流不息發得長水来曲屈者發敗杀者宜往前行則美若合沙水永

不傷丁財左边照房分沙上看倘有橋杓沙主出乞食之人後有官員位中格之龍足出乞食人若是賤格之龍主出孤獨痳瘋左右明堂沙水照依房分管 詩曰 富貴出在龍身上龍為夫案為婦沙案美女水法奇主發富貴足無疑無水無案不能發富貴伸手摸到案家財發万貫　狀元筆千里案雲消顯出中狀元有旗山出文武天馬案出富貴文峯擁竄出和尚旗鎗出竄出強盜左右有婁鎗沙出賊盜案山有白石鼇頭左右有高峽石出瞎眼

楊公真訣 清朝趙連成実訣

一穴壬山丙向子山午向左水倒右水出
辛戌正旺向昭三合聯珠貴無堪價合
得楊公救貧進神之法生來會旺玉帶
纏腰金城水法大富大貴人丁昌熾忠
孝賢良男女高壽發福綿遠房房無異
旺水潮聚富石崇比訣無差黃泉忌巽方

二穴壬山丙向子山午向左水倒右水出
丁未方墓向如合艮方可去卯水來主
發富貴壽高丁旺

三穴壬山丙向子山午向右水倒左從甲
字絕胎方消水昭祿存流盡佩金魚主
發富貴双全人丁兩盛如犯寅卯二字

非主淫亂即絕不可輕用者

四穴壬山丙向子山午向水出巽巳方乃
冲破向上臨官大黃泉犯殺人丧成之
才子人立主敗絕並犯瘷脚瘋癱癆疾
吐血等症先次二房次及別房

五穴壬山丙向子山午向水出乙辰方乃
流破向上冠帶主侵年幼聰明之子並
犯閨中幼女婦退敗田產火則必絕

六穴壬山丙向子山午向水出癸丑方乃
冲破養位主侵小兒敗財之嗣退神沐
浴不宜立向

七穴壬山丙向子山午向水出壬子方乃

冲破胎神主婦墮胎而亡初年丁財稍
利火則絶敗此乃名為過宮水有壽無財
八穴壬山丙向子山午向水出乾亥方名
為過宮水情過而亢太公八十遇文王
即此水法初年者則有丁有壽実無財
乃水不归庫故也
九穴壬山丙向子山午向水出庚酉方為
交如不及犯顏回夭壽水敗產乏嗣初
年亦有稍利者先伕三房有丁無財内
有功名則又無丁即失血殃亡福祿壽
未曽有也乃死方消水故也
十穴壬山丙向子山午向水出坤申方病

方乃短命寡宿水男寿短必出寡居主
五六房絶嗣敗產並犯咳嗽吐痰失血
癆疾并症先敗三房次及别房乃病死
二方去水瘠凶相似
十一圖壬山丙向子山午向水出艮寅方
為旺去冲生犯此亦有財而何為小兒
难養富而無丁十有九絶先絶長房次
及别房
十二圖壬山丙向子山午向右水倒左如
從向上丙字出水不犯午字犹須百步
辰㘓合局而胎方出去謂之出杀不作
冲胎而論能主大富大貴人丁兩旺允

丙中间有短寿者内出幼婦寡居若是龍真穴的葬後不敗即絶不可輕扦

十三圖壬山丙向子山午向若是左水倒右水出丙午二方即变為生來破旺定主有丁丢財貧為蒞丹不可悮作胎向胎方出水而論

一圖癸山丁向丑山未向忌坤黄泉右水倒左水出巽巳方為正養向名為貴人祿馬上御街丁財兩旺功名顯達忠孝貢良男女高壽發福綿遠房〻無異而三房犹盛並發女秀地理之中第一向吉

二圖癸山丁向丑山未向左水倒右水坤方此為木局墓向　書云丁從坤水万斯箱福寿駢臻

三圖癸山丁向丑山未向水出丙午方乃冲破向上祿位名為冲即小黄泉主貧乏者有夭亡者多見有寡困之子其驗過實無數如旧坟何有寿高者或有五六弟兄也有乏嗣亦有乞丐縂而貧者多發富者少若未字上再有鎗刀悪石者主出横暴之人爭強好勇之輩

四圖癸山丁向丑山未向水出乙辰方即犯退神初年间稍有丁亦無財無大凶也

五圖癸山丁向丑山未向水出甲卯方初
年间或發人丁久則短壽而又絕嗣退
敗田庄

六圖癸山丁向丑山未向水出艮寅方必
主退財小兒難養男女夭亡即此乏嗣
先敗長房次及別房

七圖癸山丁向丑山未向水出癸丑方犯
退冠帶主敗絕夭亡不宜立向

八圖癸山丁向丑山未向水出乾亥方主
丁財两利則衰更主乏嗣

九圖癸山丁向丑山未向水出辛戌方乃
犯衰地

十圖癸山丁向丑山未向水出庚酉方為
情过而亢予也実局驗過旧坟间有初
年發富貴亦有不發者或壽長短吉凶
相半久則不利有丁無財

十一圖癸山丁向丑山未向若右水倒左
即是向上丁字流去名為絕水倒冲墓
庫或當面直去不能百步展欄又為牽
動土牛立主敗絕云書庚丁坤上是黃泉
即此是也

十二圖癸山丁向丑山未向丁水未朝左
水倒右從穴后壬字天干而去不犯子
字名曰祿存流尽佩金魚發富亦貴福

寿双全但凡此向此水平洋之所亦有叏癸如山地每有多敗是也如平洋若坐空朝滿水出壬字方則穴後必是低陷正合平洋穴后一尺低個〻見孫許讀書見丁水來潮如穴前高聳正合平洋明堂高又高金銀積米陳廒山地若滿朝坐穴後最忌仰宮如丁水朝堂精壬字而出是前高後低令背風吹透子孫稀故曰平洋多癸山地叏敗凡四顧乙辛丁癸向水出甲庚丙壬者同推

辨

十二圖癸山丁向丑山未向左水倒右水出丁方不犯未字名爲百步辰桐有癸富貴者少左即犯黃泉水去

一圖艮山坤向寅山申向右水倒左水出乙辰二方吊煞正生向乃胚去迎生玉帶纏腰正合金城水法謂十四進神家業興主妻妾而子孝定有五福滿门富貴叔全者忌庚丁黃泉

二圖艮山坤向寅山申向左水倒右出庚丙方合文庫消水乃楊公進神水法謂祿存流尽佩金魚是也主發富貴福壽双全倘稍差矣即便主絕不可輕用若真龍穴的則又無防

四圖艮山坤向寅山申向水出丙午方爲

冲破胎神初年前心應癸丁旺財壽高
者父則墮胎乏嗣其家見过貪若則又
無阡

五圖艮山坤向寅山申向水出巽巳方名
為过宮水情过而亢故初年有丁有壽
如卒未有發富貴昔清叓是此壙

六圖艮山坤向寅山申向水出甲卯方為
交不及主多病疾敗絕不發

七圖艮山坤向寅山申向水出艮寅方亦
是交如不及主病敗絕不發

八圖艮山坤向寅山申向水出癸丑方乃
犯神臨官非敗即絕不宜立向

九圖艮山坤向寅山申向水出壬子方乃
犯生未破旺家貧如洗初年癸丁父則
夭壽不吉

十圖艮山坤向寅山申向水出辛戌方犯
病位不立向合進神水法以向論又犯
冲破冠帶必傷年幼聰明之子敗絕不
吉

十一圖艮山坤向寅山申向水出乾亥方乃
冲破向上臨官主傷成才之子夭壽乏
嗣敗財失血癆疾大凶

十二圖艮山坤向寅山申向右水長大倒左
出坤方不犯申字百步展擱主大富大

貴人丁興旺若龍穴稍差犯敗絕不可
辨卞圖艮山坤向寅山申向若左水長大
倒右水從坤上出面而出即犯墓絕倘
出申字更不可用
一圖甲山庚向卯山酉向左水倒右水出
癸丑方為正旺向名曰三合聯珠貴無
價合楊公救貧進神生來会旺水法玉
帶腰纏金城水法主大富大貴人丁盛
旺男女壽高忠孝賢良房〻均勻一發
福長遠黃泉忌坤方
二穴甲山庚向卯山酉向左水倒右出辛
戌方為自旺向惟會衰方可去來即楊
公救貧進神水法發富發貴壽高丁旺
男聰女秀大吉大利
三穴甲山庚向卯山酉向右水倒左從丙
字沐浴方消水合祿存流盡佩金魚富
貴双全人丁大旺兹右病衰水過堂第
至向上巳会合庚酉旺水归庫而去則
無防以水局而論又有壬子旺水乾亥臨
官水辛戌冠帶水上堂均係合局故主
大發若稍犯午字巳字非淫即絕不可
差矣
四穴甲山庚向卯山酉向水出坤申方為
冲破向上臨官大黃泉犯殺人必喪成

才之子立主敗絕官訟壽產並犯軟腳
瘋癱癆疾吐血雜症先傷二房次及別
房乏一家未有不敗者

五穴甲山庚向卯山酉向水出丁未方是
冲破向上冠帶先傷年幼聰明之子並
損閨室幼婦退敗業產久則絕嗣

六穴甲山庚向卯山酉向水出乙辰方為
冲破向上養位主傷小兒敗產乏嗣犯
退神沐浴不可立向

七穴甲山庚向卯山酉向水出甲卯方為
冲破胎神主墮胎傷人初年間有丁財
稍利壽高者久則乏不敗絕

八穴甲山庚向卯山酉向水出艮寅方名
為過宮水乃情过而亢初年有丁有壽
則無財是水不归庫故也

九穴甲山庚向卯山酉向水出壬子方為
交如不及犯顏回短命水法夭亡乏嗣
敗產癆咳吐血又出寡婦先傷三门初
年间稍有利者恐有丁乏財有財乏丁
發功名即夭壽盖福祿壽兼全矣

十穴甲山庚向卯山酉向水出乾亥病方
乃犯短命寡宿之水主男丁壽短女人
寡居有五六人則又敗產絕嗣並犯嗽
咳吐痰失血癆疾等症先敗三房次及

別房
卡穴甲山庚向卯山酉向水出巽巳方乃
犯旺去冲生雖有財無如為小兒難養
富而無丁十有九絕先敗長房次及別
门
卡穴甲山庚向卯山酉向右水倒左從向
上正庚字出不犯酉字乃百步展欄又
須左水細少合水局胎向胎右故水名
為出柰莫作冲胎而論主大富大貴人
丁興旺但遇中間有短寿者更出幼婦
寡居若非龍真穴的葬後不敗即絕不
可輕用

辨卡穴甲山庚向卯山酉向若左水倒右
出向上正庚字或当面直去即交為生
来破旺又名牽動土牛不作胎向胎方
去論有丁無財如范丹甚而凶險
一穴乙山辛向辰山戌向左水倒右水出
于坤申方係正養向是為貴人祿馬上
御街乃主丁財大旺功名顯達發福攸
久男女寿高忠孝賢良房房並發三门
二穴乙山辛向辰山戌向左水倒右出乾
亥方乃是局墓向請辛入乾宮百万庄
即此是也富貴大發人丁大旺福寿双
全忌乾黃泉

三穴乙山辛向辰山戌向水出庚酉方乃
冲破向上祿位是冲破小黄泉主貧乏
夭亡又出寡居之子驗過多數旧塋有
寿高者有五六兄弟也有乏嗣者亦有
乞丐者或聰明困苦者發富貴者少若
戌字上如有鎗刀悪石主出性暴人人
專習拳棍行兇閙男

四穴乙山辛向辰山戌向水出丁未方乃
犯退主初年稍利發丁未有發財亦丢
大凶

五穴乙山辛向辰山戌向水出丙午方乃
初年间有發丁高寿者久則主夭亡乏
財退敗田產不發

六穴乙山辛向辰山戌向水出巽巳方主
犯退神小兒难養男女夭亡乏嗣先敗
長房次及别房

七穴乙山辛向辰山戌向水出乙辰方乃
犯退神冠帶不宜立向夭亡絶嗣不用

八穴辛山乙向辰山戌向水出艮寅方主
退乃丁財甚衰久則絶嗣

九穴乙山辛向辰山戌向水出癸丑方乃
犯衰忌立向為退神水法主丁財皆丢
興發

十穴乙山辛向辰山戌向水出壬子方為

情過而亢驗过有準旧坟间初年主發富貴者亦有不發者或寿高或寿短或乏嗣吉凶相半

卞穴乙山辛向辰山戌向左水倒右出向上正辛字方不犯戌字尤須百步展開有發大富大貴者稍差即絕不可輕用也

卞穴乙山辛向辰山戌向若水潮堂左水倒右從甲字天干而去不犯卯字名曰祿存流尽佩金魚主發大富大貴福寿双全人丁亦旺如平洋之地發福主多山地定主敗絕不用

辨卞穴乙山辛向辰山戌向若水右來倒左即從向上正辛巳流去乃犯倒冲墓庫天来（書云）辛壬水路怕當乾是也主立敗絕

一穴巽山乾向巳山亥向右水倒左出丁未方名三方吊正生向合進神救貧水法為旺去迎生而富貴驟至（書云）十四進神家業興主五福滿门富貴双全妻賢子孝房房均匀黃泉忌乙丙方

二穴巽山乾向巳山亥向右水倒左出辛戌方為借庫消水自生向合楊公救貧進神水法不作冲破養位而論主出人

丁盛旺壽大富貴生發攸久
三穴巽山乾向巳山亥向左水倒右出壬
子方合文庫楊公救貧水法為進神之
云祿存流尽佩金魚主發富貴福壽登
四穴巽山乾向巳山亥向水出庚酉方為
冲破胎神初年间主丁旺壽高財益者
久則乏嗣有嗣必貧有壽必困而此水
不归庫故也
五穴巽山乾向巳山亥向水出坤申方乃
絶位也為情过而亢初年间有發丁有
壽未必發財功名弗利貧而有壽不絶
六穴巽山乾向巳山亥向水出丙午方為

交如不及主短壽敗絶不發
七穴巽山乾向巳山亥向水出巽巳方名
曰生向交如不及年久則主敗絶
八穴巽山乾向巳山亥向水出乙辰方乃犯
十個退神如鬼灵以臨宫非敗即絶不
九穴巽山乾向巳山亥向水出申卯方為
立向
生未破旺主貧窮初年發丁久則絶嗣不
利
十穴巽山乾向巳山亥向水出癸丑方犯
病向為退神水法又犯冲破臨冠帶必
傷年幼聰明之子嬌態之婦

卞穴巽山乾向巳山亥向水出艮寅方乃
冲破向上臨官犯黃泉大杀主傷成才
之子乏嗣夭寿貧苦大凶
卞穴巽山乾向巳山亥向水出如右水長
大倒左出向上正乾字不犯亥字謂之百
步展㘞應有大富大貴人丁亦旺若龍
穴稍差即敗絶亦不可用
辨卞穴巽山乾向巳山亥向若左水長大
倒出乾字即犯墓絶冲生大杀主非敗
即絶如水出亥字犇後尤凶
一穴丙山壬向午山子向左水倒右出乙
辰方為正旺向名乃三合連珠貴無價合

救貧進神生來会旺之水法乃五帶纏
腰金城水法出大富大貴忠孝賢良男
聰女秀夫婦齊眉𡚒福綿遠房〻相似
書云申子辰坤壬乙文曲從頭出即此
是也忌乾黃泉
二穴丙山壬向午山子向左水倒右出癸
丑方為自旺向合惟有艮方可去來矣
乃合楊救貧進神水法𡚒富貴丁寿高
旺
三穴丙山壬向午山子向右水倒左從庚
字沐浴方而消水合祿存流尽佩金魚
主有富貴双全人丁並盛若稍犯酉申

二字即凶不可輕用

四穴丙山壬向午山子向水出乾亥方為
為冲破向上臨官乃犯杀入大黄泉必
喪成才之子立主官符口舌賣屋退財
並犯癱脚瘋癱癆症吐血襍症先傷二
房次及别门無一不敗絕者

五穴丙山壬向午山子向水出辛戌方乃
犯退神主傷年幼聰明之子並損賢婦
少女敗田產久則絕嗣即是冲破冠帶
者

六穴丙山壬向午山子向水出丙午方為
冲破胎神主墮胎者初年间丁財稍利
也亦有寿高者久則敗絕此名过宫水
有寿必穷

七穴丙山壬向午山子向水出

八穴丙山壬向午山子向水出巽巳方為
情过而亢不利功名太公八十遇文王
初年發丁有寿主不發財乃水不居庫
也

九穴丙山壬向午山子向水出甲卯方為
交如不及乃犯顏回短命之水主夭亡
絕嗣退敗產業必寡居先傷三房内中
亦有稍利者縱然有丁則無財有財則

無丁癸功名即夭壽而福祿壽不能相
兼多因吐血癆咳等症而死矣
○十穴丙山壬向午山子向水出艮寅病方
乃犯短命寡宿之水主男人壽短必有
寡婦五六人敗產絕嗣併犯咳嗽吐痰
癆疾等症先傷三房次及別門再死方
消水癸凶相似
○十穴丙山壬向午山子向水出坤申方乃
犯旺去冲生即此大殺雖有財而何小
兒難養當而乏丁十有九絕先敗長房
次及別房
○十穴丙山壬向午山子向右水倒左從向

上正壬字流出不犯子字為百步展欄
又須左水細小正是大局胎向胎出去
水名為出殺不作冲胎而論主出大富
大貴人丁興旺內中或有短壽寡居者
非龍真穴的不敗便絕万不輕用
○辨十穴丙山壬向午山子向若左水倒右
從向上壬字而出或当面直出即是生
來破旺又名牽動土牛不作胎向胎方
去水而論主出有丁無財家道貧苦也
一穴丁山癸向未山丑向右水倒左出乾
亥方係正養向名為祿馬上御街合進
神救貧水法主應大旺功名顯達發福

綿遠忠孝貢良男女壽高房房吉異三
门尤盛並發女秀
二穴丁山癸向未山丑向左水倒右出艮
寅方為金局墓向書云癸归艮位發文章
發富出貴人丁甚旺福壽彌高惟以年
久主生瘋疾愈見瘋疾愈發
三穴丁山癸向未山丑向水出壬子方乃
冲破向上祿位為冲祿小黄泉主出貧
乏夭亾寡固之子驗过吉數如是旧堂
有壽高者有五六兄弟者也有乏嗣者
亦有乞丐者總之困穹者多發福者寡
若是丑上如有鎗刀悪石主出性暴刀
奸悪人好習拳棍惟此發丁未有發
財
四穴丁山癸向未山丑向水出辛戌方乃
犯退神主之初年書曰旺丁未必有財功
名少利平安有壽亦不為凶
五穴丁山癸向未山丑向水出庚酉方主
初年间乃發丁生財壽高者久則短壽
乏嗣退產敗財不為攸久
六穴丁山癸向未山丑向水出坤申方主
退不發小兒难養男女夭亾乏嗣先敗
長房次及别房
七穴丁山癸向未山丑向水出丁未方乃

犯退神冠帶主夭亡敗絕不宜立向
八穴丁山癸向未山丑向水出巽巳方主
丁財之日乃是甚衰久則絕嗣
九穴丁山癸向未山丑向水出乙辰方為
犯退神水法主丁財俱不發旺忌立向
十穴丁山癸向未山丑向水出甲卯方為
情过而亢驗过旧堂初年间有出富貴
者亦有不發者或寿高或寿低或乏嗣
吉凶相半
十一穴丁山癸向未山丑向左水倒右出向
上正癸字犹須百步展擱主有發大富
大貴者但稍差即絕不可輕用

十二穴丁山癸向未山丑向若癸水朝堂左
来倒右則從穴後丙字天干而去不犯
午字名為祿存流尽佩金魚主發大富
大貴福寿双全予也驗过旧堂平洋之
地準發山地屢應敗絕不可輕用
辨十二穴丁山癸向未山丑向如右水倒左
即從向上正癸字流出乃犯倒庫冲墓又
為牽動土牛註云甲癸向中休見艮是也
主其敗絕
一穴坤山艮向申山寅向左水倒右出辛
戌方為正生向乃合旺去迎生楊公救
貧玉帶纏腰金城水法註云十四進神家

業興主妻賢子孝五福滿门富貴双全
门〻皆發
二穴坤山艮坤向申山寅向右水倒左出
癸丑方為借庫消水合救貧進神水法
名自生向下作冲破養位而論主之富
貴寿高人丁大旺先發小房龍好沙美
亦有先發長房
三穴坤山艮向申山寅向左水倒右出甲
夘方合文庫消水楊公救貧進神水法
謂祿存流尽佩金魚主發富貴福寿双全
四穴坤山艮向申山寅向水出壬子方為
冲破胎神主初年间有旺丁發財厚福

高寿久則婦墮胎之嗣守貧有寿必困
乃水归庫故也
五穴坤山艮向申山寅向水出乾亥方為
情过而亢應初年有發丁而不生財寿
高貧若成名不利
六穴坤山艮向申山寅向水出庚酉方為
交不及主人短寿敗財不吉
七穴坤山艮向申山寅向水出坤申方犯
生向乃交如不及主多敗絕
八穴坤山艮向申山寅向水出丁未方乃
犯十個退神犹如鬼灵臨宮主人非敗
即絕不立向

九穴坤山艮向申山寅向水出丙午方為生破旺主人貧乏初年發丁久則絕嗣

十穴坤山艮向申山寅向水出乙辰方又犯破冠帶必傷少年聰明之子并損幼窕之女貞節之婦忌立向

十一穴坤山艮向申山寅向水出巽巳方為冲破向上臨官傷成才之子夭壽絕嗣

十二穴坤山艮向申山寅向水若左水長大倒右出于艮方即犯墓絕冲夭大杀非敗即絕如出寅字墓後尤凶

一穴庚山甲向酉山卯向左水倒右出于未方為正旺向名乃三合聯珠貴無價合得楊公救貧進神五帶纏腰金城水法主出大富大貴忠孝賢良男女高壽房々相似發福長遠諸亥卯未乾甲丁貪狼一路行即此向

二穴庚山甲向酉山卯向左水倒右出乙辰方為自旺向合惟衰方而去来乃是楊公救貧進神水法發富發貴壽高丁旺若見艮水来朝正合三吉六秀水法

三穴庚山甲向酉山卯向右水倒左乃從壬字沐浴方而消水者正合祿存流尽佩金魚主人丁盛旺富貴双全若犯亥于二字大凶不可亂用

○四穴庚山甲向酉山卯向水出艮寅方為冲破向上臨官乃犯杀人大黄泉必喪成才之子立主敗絕官訟賣產並犯軟脚瘋癆癰疾吐血雜症先傷二房次及別房甚凶

○五穴庚山甲向酉山卯向水出癸丑方為冲破向上冠帶乃犯退神主傷春年聰明之子並損閨中幼女退敗業產久則絕嗣

○六穴庚山甲向酉山卯向水出辛戌為冲破養位主伏小口敗產絕嗣乃犯退神沐浴不立向

○七穴庚山甲向酉山卯向水出庚酉方為冲破胎神墮胎傷人初年間有發丁財稍利者久則絕嗣此為過宮水也無壽而丟財小房不利

○八穴庚山甲向酉山卯向水出坤申方為情过而亢主功名不利人多有壽發丁無財乃水不归庫是也

○九穴庚山甲向酉山卯向水出丙午方為交如不及乃犯顏回短命之水主人夭亡絕嗣退敗產業多出寡居先傷三房此向有丁無財有財丟丁兇發功名必主夭亡而福祿壽不能相兼年久敗絕

十穴庚山甲向酉山卯向水出巽巳方乃
犯短命寡宿之水主男人壽短女出寡
婦敗產乏嗣咳嗽吐痰癆疾等症先傷
三门次及别房與死方消水發凶相似
十穴庚山甲向酉山卯向水出乾亥方為
旺去冲生旦則有財而何小兒难養富
而丢丁十有九絕先敗長兄次及别房
卞穴庚山甲向酉山卯向水出右水倒左
從向上正甲字方而出不犯卯字乃流
去百步長欄合金局胎向胎出名謂之
出未不作冲胎而論主出大富大貴人
丁興旺倘內中间有壽短寡居若非龍
真穴的非敗即絕不可輕用
辨卞穴庚山甲向酉山卯向左水倒右從
向上正甲字或当面直去即变為生來
破旺又名牽動土牛不作胎方胎方去
水而論主人有丁丢財家道貧苦
一穴辛山乙向戌山辰向右水倒左出艮
寅方係正養向名為貴人祿馬上御街
主丁財大旺功名显達發福綿〻忠孝
貪良男女壽高房〻均匀三门尤甚並
發女秀
二穴辛山乙向戌山辰向左水倒右出巽
巳方為水局墓向書乙向巽流清富貴

是也主人旺發富出貴福壽而康
三穴辛山乙向戌山辰向水出甲卯方乃
冲破祿存位之向名冲祿存小黃泉主
貧乏夭亡出寡居之子弔也驗過丟數
旧塋间有壽高者有五六兄弟者有乏
嗣亦有乞丐者總之因穵者多發富貴
者必若辰字上有刀鎗惡石主出橫暴
之人好爭鬥勇以行兇
四穴辛山乙向戌山辰向水出癸丑方乃
犯退神主初年發丁有壽未必發財亦
無凶
五穴辛山乙向戌山辰向水出壬子方初
年有發丁則壽短少產乏嗣敗業不吉
六穴辛山乙向戌山辰向水出乾亥方主
退財不發小兒难養男女夭亡之嗣先
敗長房次及別房
七穴辛山乙向戌山辰向水出辛戌方乃
犯退神冠帶主人夭亡敗絕忌立向
八穴辛山乙向戌山辰向水出坤申方主
丁財甚衰便絕嗣
九穴辛山乙向戌山辰向水出丁未方乃
犯衰地主人財不利不可立向
十穴辛山乙向戌山辰向水出丙午方為
情过而亢予也驗过旧坟间有初年發

富者或壽高或壽短或乏嗣吉凶相半
卞穴辛山乙向戌山辰向左水倒右則從
向上乙字而出不犯辰字乃是百步展
搁主發富貴如稍差即絕
卞穴辛山乙向戌山辰向如乙水朝堂左
来倒右則從穴後庚字夭干而出不犯
丙字名為祿存流尽佩金魚主人大富
大貴福壽駢臻此向平地發青山地敗
絕
辨卞穴辛山乙向戌山辰向右水倒左即
從向上乙字流去乃為冲倒墓庫或当
面直去又為牽動土牛禮乙丙黃泉巽

水先是此黃泉大杀立主敗絕
一穴乾山巽向亥山巳向右水倒左出癸
丑方為正養向乃合旺去迎生救貧水
法云書十四進神家業兵玉帶纏腰金城
水法主妻子孝五福滿堂富貴双全门
门皆發
二穴乾山巽向亥山巳向右水倒左出乙
辰方為借庫消水名為生向合得楊救
貧進神水法不作冲破養位而論主出
富貴壽高人丁大旺先發小房如龍沙
好者亦有先發長房
三穴乾山巽向亥山巳向左水倒右出丙

午方為合文庫水名曰自生向正合楊
救貧進神水法請祿存流尽佩金魚主
發富貴福祿兩增倘差即絕不可粒為

四穴乾山巽向亥山巳向水出甲卯方為
冲破胎神主初年間而有丁財稍利壽
高者久則墮胎無嗣亦受貧苦而已乃
水不居庫故也

五穴乾山巽向亥山巳向水出艮寅方為
情过而亢主初年發丁有寿未有發財
功名不利

六穴乾山巽向亥山巳向水出壬子方是
為交不及則主短寿敗財

七穴乾山巽向亥山巳向水出辛戌方乃
十个退神如鬼臨宮主非敗即絕切忌
立向

八穴辛山乙向亥山巳向水出乾亥方為
交如不及此向多主敗絕

九穴乾山巽向亥山巳向水出庚酉方為
生破旺主人貧若初年發丁久則敗絕

十穴乾山巽向亥山巳向水出丁未方乃
犯病為退神水法犯冲破冠帯必傷年
幼聰明之子並損婦女切忌立向

十一穴乾山巽向亥山巳向水出坤申方為
冲破何上臨官先傷成才之子乏寿

嗣貧苦不利
乍穴乾山巽向亥山巳向右水長大出巽
方不犯巳字乃為百步長攔主出大富
大貴人丁並旺男女壽高倘龍真穴稍
差即犯敗絕不可輕用
辨乍穴乾山巽向亥山巳向左水長大倒
右則從向上巽方而出即犯墓絕沖天
大杀立主敗絕不可悞作生何而論乃
当面水去者論須当辨詳
此訣原係先師郭樸景絕先生趙連成先
生真傳不可輕傳
富貴双全水法

壬山丙向子山午向如左水倒右可作水
山辛戌方而去又丁未方而山是也如
右水倒左則從甲字方而去是美也
癸山丁向丑山未向若右水倒左而山巽
巳方左水倒右可出坤方左水倒右可
山壬方艮山坤向寅山申向如右水倒
左可出山辰方而去又出丁未方左倒
右丁出庚酉方右倒左出坤方美也
甲山庚向卯山酉向如左水倒右可出癸
丑方又出辛戌方右水倒左宜出丙字
美矣
乙山辛向辰山戌向若右水倒左可去坤

申方左水倒右可去出乾方美矣
坤山艮向申山寅向如右水倒左宜出辛
戌方又出癸丑方左倒右山甲可也
庚山甲向酉山卯向如左水倒右可山丁
未方又出乙辰方右倒左可出壬字妙也
辛山乙向戌山辰向右水倒左出艮方左
水倒右宜出巽方也可
乾山巽向亥山巳向右水倒左可出癸丑
方又出辰方左水倒右宜出丙方
此是地理真妙诀　萬兩黄金莫度人

啟師

一心奉請玉皇鑾駕九天玄女楊公仙師
白鶴仙師陳林李三位夫人張天尊李天
尊添上翻桃趙吾娘叔杀楊六郎救苦救
难覌音老母浏光童子点相郎君歷代先
師三教明神本府本縣城隍主宰理役衆
神請起本里行灘沖天鳳火田一田二田
三元師雲天香火聶泗舍人毛三元師太
平淂道張老真人七姓郎君水滸泉神交
燕寺祀奉釋藍佛祖合坐車神艮炉祀奉
烏江白馬大神三伯將軍紫云台上揚泗
將軍楊公都督八大副使黎大真人東山

渴道刘公老師同坪祀奉鉄三將軍坪源
祀奉金花太子罗溪祀奉康元師楊梅山
座殿盖天福主横塘寺祀奉三尊大神左
右十八罗漢妙莊王觀音老娘双溪祀奉
唐葛周王月田祀奉趙大元師十字街头
華公太子九鄉雉案有道神明飛空过往
助福龍神家堂香火旺化龍神　太師公
賴明山賴見明老湯名洋鄭世達舒景不
戴玄道戴耿堂繆玩声繆顯吾鄧繆星浦
鄒篤鴌親傳口教仙師真人助教十方顯
应楊公仙師繆公松山真人前朝後教列
列廾神三呂三清敬為大清天下江西省

南昌府武寧縣上南鄉卅九都々社保居
住集福信人々請求弟書下正宅受杀灵
符一道一道化為十道十道化為百道百
道化為千道千道化為万道道々有準道
道斬鬼滅邪放下三篬俱全与吾水
上三百六十凶神恶杀符中合家生庚三
魂七魄藏在長生宮水内部下永為吉兆
楊公造葬灵符退犯受杀
黑勅下符起 日九天玄女 玉皇鑾駕 月楊公仙師 全到盖保合家清吉三
百六十位凶神藏在長生水宮内勅起急
急如律令大吉

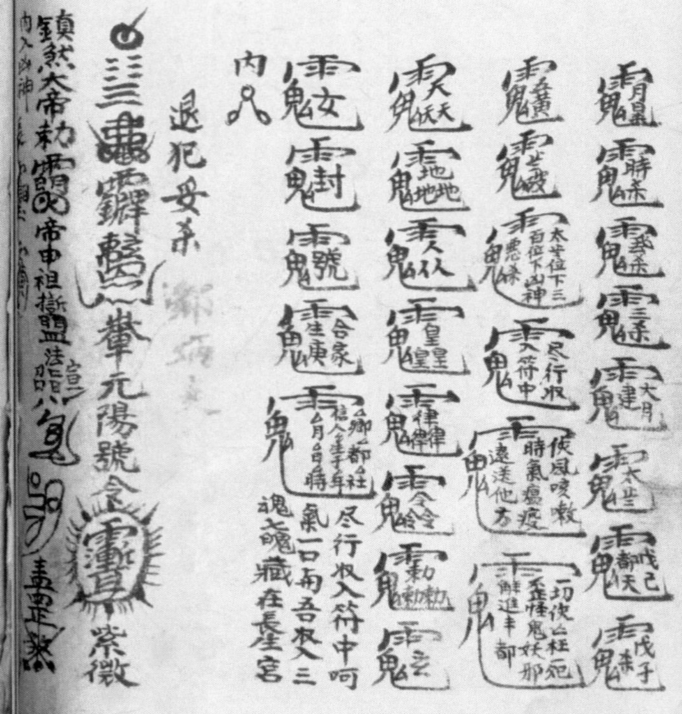

論双山三合廿四山加左加右順逆水神

正壬山丙向 己亥已巳分金 加亥巳丁亥丁巳 加子午辛亥辛巳分金

用陽水局申上起長生順行水從右來乘生右入吉水從左未生巽辰乙方墓絕水左出合壬会而聚辰之局兼双山坤壬乙申子辰水局合丁酉巽格又合先天可以發福

放水到丁方宜左水倒右放右倒左則不吉黄泉水巽坤八杀水辰午　㳉门宜巳方合倉庫丁方合横財门丙方天机木星

正子山午向 戊子戊午分金 加壬丙 丙子丙午 加癸丁 庚子庚午 分金

用水局申上起長生水從右未坤申方長

生水入吉水從右去巽辰方墓絕水去吉
合双山坤壬乙申子辰水局
正癸山丁向戊子戊午分金加子午丙子丙午分金
用陰水局卯上起長生逆行水從左未甲
卯乙辰方巽長生水入吉水從右[illegible]去未
坤申庚方墓絕水去吉合金羊収癸甲之
灵又合丁從坤癸万斯箱之局
開门宜丙丁申三方吉黃泉未坤上不
宜闹门放水
癸丁加丑未庚子庚午分金
变三合陽金巳上起長生順行水從左未
卯巽巳方水入吉水從右出辛戌乾三方

衰病死水右出吉如水右未庚酉方旺水
入吉水左去出寅艮丑墓絕水去吉為巽
巳庚酉方水去不利合双山巽庚癸巳酉
丑金水局
闹门宜丙丁方　放水宜丙丁申三方
黃泉水坤未二方　不宜闹门放水
正丑山未向己丑己未分金加艮坤三分辛丑辛未分金
用申上起長生順行水從右未子亥申方
生旺水右入吉　闹门宜用午酉方　放
水庚酉方黃泉系坤申方不宜闹门放水
丑山未向加癸丁三分丁丑丁未分金
用三合陽金局巳上起長生順行水從左

未巽巳方長生水左入吉水從右去戌辰
方衰病右出吉如水從右未庚酉方官旺
入吉如水從左去艮寅墓絶水右出吉若
巽巳庚酉方不利合双山巽庚癸巳酉丑
金局

正艮山坤向己丑己未分金加丑未三分丁丑丁未分金
用水局申上起長生順行水從右亥申酉
方生旺水右入吉水從左去巽辰乙方墓
絶水左出吉
開门宜申方貿庫午方名飯羅　放水
宜丙方宜右水倒左黄泉杀庚丁坤方
不宜開门放水

艮山坤向加寅申三分辛丑辛未分金
用陽火局寅上起長生順行水左未巳丙
午方旺水入吉水右去辛戌乾方死墓水
右出吉合双山艮丙辛寅午戌火局　開门
放水仝前

寅申加艮坤向三分丙寅丙申分金
用陽火局寅上起長生順行水從左未丙
丁午方水旺左入吉水從右去辛戌乾方
墓水右出吉合双山艮丙辛寅午戌火局
黄泉坤辛方不宜開门放水

寅山申向戊寅戊申分金加甲庚三分庚寅庚申分金
用陽木局亥上起生順行水從右未乾亥

方長生水來右入吉水從左去未丁丙墓
絶水左去吉合双山亥卯未乾甲丁木局
閛门宜申方合質庫午方飯羅
正甲山庚向戊寅戊申分金加卯酉加寅申三分庚寅庚申丙寅丙申分金
用陽木局亥上起長生順行水從右來乾
亥辛方養生水入吉水從左去丁未丙方
死絶左去吉合得金羊收癸甲之灵合双
山乾甲丁亥卯未木局又合辛庚坤格
放水宜庚丁方黄泉坤申方不宜閛门
放水閛门不宜庚上合豬衣午上飯罗
戌上横財
卯山酉向加甲庚三分丁卯丁酉分金

用陽木局亥上起長生順行水從右來乾
亥辛方養生水右入吉水從左去未坤丁
丙巽方死墓絶水左出吉合双山乾甲丁
亥卯未木局
正卯山酉向己卯己酉分金加乙辛三分辛卯辛酉分金
陰木局午上起長生逆行水從右來丙午
丁方養生水左入吉水從右去辛戌乾亥
方墓水右去吉合乙丙交而趋戌又合辛
入乾宫百万庄 閛门宜合戌上質庫申
上飯罗 放水宜辛方黄泉杀在坤乾
不宜閛门放水
正乙山辛向己卯己酉分金加卯酉丁卯丁酉分金

用陰局午上起長生逆行水從左來丙午
丁方生養水左入吉水從右去辛戌乾方
死墓絶水右出吉合乙丙交而趨戌闊
门宜申上午上飯罗辛上天机三方則吉
黄泉杀在戌乾方坤壬乾不可闊门放水
乙山辛向加辰戌 三分辛卯辛酉分金
用陽水局申上起長生順行水從左來丁
未坤入吉養生水則吉水從右去應出丑
艮方衰病死水右出吉如水右來壬子方
旺水入吉如水左去巽巳方絶水左出吉
合双山變坤壬乙申子辰水局
正辰山戌向 戊辰戊戌分金 加乙辛巽乾 三分丙辰丙戌 庚辰庚戌 分金

用陽水局申上起長生水從左來坤申方
長生水入吉水從右出丑艮方絶水左出
亦吉合双山坤壬乙申子辰水局闊门宜
申上合飯甕戌上合質庫放水宜辛上黄
泉杀乾方乾丑不宜闊门放水
正巽山乾向 戊戌戊辰分金加辰戌丙辰丙戌分金
用陰水局午上起長生逆行水從左來丙
午丁方養生水左入吉水右來甲寅方為
旺水右入吉水右去癸丑方衰病水右出
吉水左去辛庚方墓絶水左出吉
巽山乾向加巳亥 三分庚辰庚戌分金
用陽金局巳上起長生順行水左來丁未

庚酉冠旺水左入吉水右去丑癸方墓絶
水右出吉合双山巽庚癸巳酉丑金局涧
门放水宜戌上合倉庫子上合横財门上
正门亦吉放水宜癸上黄泉杀乾壬不宜
涧门放水

巳山亥向加巽乾三分丁巳丁亥分金
用陽金局巳上起長生順行左来水丁庚
方旺水左入吉水右去丑癸方墓絶水右
出吉双合山巽庚癸巳酉丑金局

正巳山亥向己巳己亥分金加丙壬辛巳辛亥分金
用陽火局寅上起長生順行水從左来艮
寅方生旺水右入吉水左去辛庚方死絶
水左出吉双合山艮丙辛寅午戌火局涧
门宜亥上合質庫丙上飯甕亦吉放水宜
癸寅方黄泉乾壬方不宜涧门放水

正丙山壬向己巳己亥分金加巳未丁巳丁亥午子辛巳辛亥分金
用陽火局寅上起長生順行水右来艮寅
癸方養生水右入吉水右去乾戌辛方墓
絶水出吉合双山艮丙辛寅午戌火局合
乙丙交而趋戌之旬合丁壬癸乾格涧门
宜亥上質庫壬上豬衣黄泉杀在乾乾癸
子不宜涧门放水

正午山子向戊午戊子分金加丙壬丙午丙子丁癸庚午庚子分金
用陽火局寅上起長生順行水右来癸艮

寅方養生水右入吉水左去乾戌辛方墓
絶水左出吉合双山艮丙辛寅午戌火局
閘門宜亥上倉庫丑上横財门亦吉子上
天机水星亦吉黄泉杀乾艮不宜放水閘
门

正丁山癸向 戊午戊子分金 加午子丙午丙子分金
用陰火局丙上起長生逆行水左未庚丙
辛方生水左入吉水右去艮寅方墓絶水
右出吉合斗牛納丁庚之氣又合癸居艮
位發文章

丁山癸向加未丑 庚午庚子分金
用木局亥上起長生順行水左未辛戌乾

亥方養生水左入吉水右去辰巽方衰病
水右出吉如水右未甲卯乙方官旺水入吉
水右去坤申絶水左出吉閘门放水宜癸
上飽暖又合木星子上吉黄泉杀乾艮方
乾丑艮上不宜閘门放水二從寅甲卯方
併戌乾入加未丑則吉若水出加未丑又
則凶矣

正未山丑向 己未己丑分金 加坤艮辛未辛丑分金
俱用陽水局申上起長生順行水從左來
辛亥壬子方官旺水左入吉水從右去乙
辰巽方衰病墓絶水右出吉

未山丑向加丁癸 丁未丁丑分金

陽木局亥上起長生順行水從左來辛戌
乾亥方養生水左入吉水右去辰巽方衰
病水右出吉水從左去坤申方絶水玄武
左出吉開门放水宜寅上合反變壬方飽
腰门放水宜甲方黄泉杀在艮癸丑乾方
不宜開门放水

正坤山艮向己未己丑分金加未丑丁未丁丑加申寅辛未辛丑分金
陽水局申上起長生順行水從左來辛亥
壬子方官旺水入吉水右去乙辰巽方墓
絶水右出吉合双山坤壬乙申子辰水局
開门宜寅上合貿庫子上飯變宜水放艮
上黄泉杀甲癸方艮寅上不宜開门卯山
子癸方不宜放水

申山寅向加坤艮三分丁未丁丑分金
用陽水局申上起長生順行水從左來亥
子壬方官旺水左入吉水右去辰巽方墓
絶水右出吉合双山坤壬乙水局申子辰

正申山寅向加庚甲戊申戊寅分金加庚甲庚申庚寅分金
用陽金局巳上起長生順行水右來辰巽
巳乙方養生水右入吉水左去癸丑艮方
死墓水左出吉合双山巽庚癸巳酉丑金
局合乙甲艮格開门宜寅上合貿庫甲上
補衣申子辰方黄泉杀艮方忌艮乙巽丑
四方不可開门放水

正庚山甲向戊申戊寅分金　加申寅丙申丙寅分金　加酉卯庚申庚寅
俱用陽金局巳上起長生順行水從右來
巽巳乙辰方養生水右入吉水右去吉艮
丑癸方墓絕水左出吉合双山巽庚癸巳
酉丑金局又合甲乙辰格涧门宜寅上合
質庫甲上合豬衣门又庚方亦可放水宜
甲寅方黃泉杀艮巽方忌艮巽乙辰丑方
上不宜涧门放水

酉山卯向加庚甲　丁酉丁卯分金
陽金局巳上起長生順行水右來巽巳乙
辰方養生水右入吉水左去艮丑癸方墓
絕水左出吉合双山巽庚癸巳酉丑金局

酉山卯向加辛乙　辛酉辛卯分金
陰金局子上起長生逆行涧门宜寅方合
質庫甲方豬衣门黃泉杀巽巳方艮巽長
方不宜涧门放水

辛山乙向加戌辰　辛酉辛卯分金
用陽火局寅上起長生順行水左來艮寅
方長生水左入吉水右去未坤方衰病水
右出吉水左去乾亥方絕水左去吉加戌
辰只忌巽巳丙午艮寅丑方水去可合双
山艮丙辛寅午戌火局則吉

辛乙加酉卯向　丁酉丁卯分金
用陰金局子上起長生水未壬子乾亥丑

艮方養生入吉出丙午巽巳死衰病水出
吉浉门宜卯上合飯甕巳上合質庫黃泉
煞辰丙方巳丙辰方不宜浉门放水
正戌山辰向戊戌戊辰多金加口辛山丙戌丙辰多金乾巽庚戌庚辰
用陽水局申上起長生順行水左來坤申
未方長養生入吉水右去丑艮方絕水去
吉合双山坤壬乙申子辰水局浉门宜宾
上合飯甕辰上質庫路宜坤上放水宜甲
方黃泉煞忌巽方
乾巽向戊戌戊辰多金加戌辰丙戌丙辰亥巳庚戌庚辰多金
用陽金局巳上起長生順行水從右來巽
巳乙辰方養生入吉水右去艮丑癸方墓

絕水左出吉合双山巽庚癸巳酉丑金局
浉门卯上反甕巳上質庫路宜坤上放水
宜丁上黃泉煞忌午方
正亥山巳向己亥己巳多金加壬丙辛亥辛巳多金
用陽水局申上起長生順行水右來未坤
申方養生水右入吉水左去辰乙甲方墓
絕水左出吉合双山坤壬乙申子辰水局
吉
亥山巳向加乾巽三分丁亥丁巳多金
用陽木局亥上起長生順行水從左來甲
卯乙方旺水左入吉水右去丁未坤方墓
絕水右出吉合双山乾甲丁亥卯未木局

涧门宜巳方合貿庫丙上犒衣卯上反覆
黃泉杀忌巽坤方不宜涧门放水
涧门放水不可犯
假為坎山不可放坤水此是先天破後天
艮山不可放震水震山不可放离水巽山
不可放兑离山不可放乾水乾山不可放
艮水坤山不可放巽水兑山不可放坎水
八卦皆曰不可犯此行涧门放水擇日造
塋要看此届逐月消滅卦

双山五行

乾亥甲卯丁未木　艮寅丙午辛戌火
巽巳庚酉癸丑金　坤申壬子山辰水

廿四山分金水法訣

壬山丙向加亥巳 二分癸亥丁巳分金
註云 宜右閑申子辰局左右水朝堂流出辰
巳方出口斯為房〻均匀丁財並旺永遠
發福若水自右倒左長幼兩房岂好二房
衰敗 詩曰 生方水剋人丁旺流破旺方財蕩
浪若水自左倒右先損幼房次損二房然
後禍及長房三房俱敗應申子辰年見凶
壬山丙向正下 火音分金坐穴
註云 宜左閑寅戌局左水流右出戌乾亥斯
為房〻均匀丁盛財衰發福不久若水自
右流左則破旺冲生先敗仲李兩房次損

長房郭仙云丙向黃泉乾莫流長先敗禍臨頭
殺郝長男子孫絕只留長媳滂汪汪水流
已打了頭边長房子二十年前有润錢向
後賣田園午水動瘟帶ゝ有軍賊必殺人
具中人多只消磨更主咳嗽癆瘵之疾三
代後必絕時師慎之主寅午戌年月及子
午不吉利

壬山丙向加子午 二分甲子分金

註云 宜右闗巳酉丑局宜水流入丑艮方出
口或逆潮堂可立此向若水自左流右則
冲旺破生一四七二五八房先敗惟三六
九房可若水自左倒右則破旺方先敗三
六九房一四七房後損二五八房主出軍
賊子孫逃亡逐年敗矣禍応巳酉丑年月
日時見凶

子山午向加壬丙 二分丙子分金

註云 宜左闗申子辰局右水流左出辰巽巳
方斯為房ゝ均匀富貴永遠若水自東南
流归西北則墓潮堂先損三六九子若生
旺俱破次損一四七二五八兒人財兩敗
更生軍賊逃亡絞斬兒孫忤逆瘋顛痂癆
男女淫乱逐年敗矣禍应申子辰年不吉

子山午向正下 戊子分金

註云 宜左闗寅午戌局左水倒右流归戌乾

亥方出口斯為房分均匀富貴久遠若水
自酉归北流归南東三六九房先損一四
七二五八房次殃人才兩空男女奴俾軍
賊逃走風聲破敗禍不可言更主男女嗽
咳之病應寅午戌年月日時後絕嗣

子山午向加癸丁二分庚子分金

註云 宜右閑申子局右水倒左流归辰巳方
出口斯為房分均匀富貴無疆 凶斷丙子午加壬丙全斷

癸丁加子午二分壬子分金

註云 宜合亥卯未局左右水潮堂流归未坤
方去斯為房分均匀人財並旺發福非淺
若水自左流右則沖旺破生損二五八房
次損一四七房三六九房頗好若水右流
左則沖生破旺先敗一四七每三六九房
後損二五八房人才大敗房房寥落詩水
未潮入大官方瘟火好滛敗長房打死逃
移田宅敗投軍定見敗身亡常生病疾患
禍應亥卯未年月見凶

癸山丁向正下土音分金

註云 宜合申子局右水倒左流入辰巽方去
斯為房分均匀人財與旺若水左流右則
墓水朝堂 詩云 庫方若倒定為殃三六九房
先不祥兼之沖生破旺一四七子有損水
出旺方二五八房難更主咳嗽癆瘵之病

青囊經云若是神頭帶殺任他官貴少年
亡三代後主絕禍應申子辰年月日見凶
癸丁加丑未 二分山丑分金
註云宜合巳酉丑局流歸丑艮方出口逆勢
潮堂之水猶能發福若水左倒右則冲生
破旺時旺方流破財蕩浪一四七房先伏
亡三六九房次損敗二五八房亦遭殃此
是返局不堪祥若水右倒左則冲旺破生
時流破生方主少亡人丁敗退久吉祥先
損二房後敗長幼房忤逆主少亡軍賊外
死不可言應巳酉丑年月見凶
丑未加癸丁 二分丁丑分金

註云宜右閣申子辰局右水流左出辰巳方
去斯為房分均匀富貴久遠發福非淺若
水左流右則墓水朝堂三六九房必敗兼
之冲生破旺一四七房次遭殃二五八子
俱有碍人才不盛百事欠安康禍不可言
應申子辰年見凶
丑山未向正下 己丑分金
註云宜左閣寅午戌局左水流右歸戌乾亥
出口斯為房分均匀齊發子子孫叟若右
水流左先損三六九一四七房然後禍到
二五八房更主咳嗽癆瘵之病禍應寅午
戌年月見凶

丑未加艮坤 二分辛丑分金

註云 宜合申子辰局右水倒左流入辰巳方去斯為房分均匀發福綿遠 斷兩丑未加癸丁同

艮山坤向加丑未 二分癸丑分金

註云 宜合亥卯未局右左水潮堂流歸未坤方出口主出人聰明文章顯達斯為房分均匀富貴久遠若右水流左則冲生破旺長房有損中房亦傷後三房不美若左水倒右則墓水潮堂 詩曰 庫方水未定為狹小男命不長長中兩房皆欠利人丁兩不旺禍害最難當吉凶亥卯未年月見凶

艮山坤向正下 本音分金

註云 宜合亥卯未局兩水夾流朝堂流歸坤方出斯為房分均匀初代發福難定久遠若右水流左則冲生破旺長房先敗中房次傷小男一美若左水流右則墓水潮堂小中兩房先傷長房後敗 詩曰 乃有生破主少亡父子必傷兄弟忤逆不和兒孫必出痨瘵之疾応亥卯未年月見凶

艮坤加寅申 三分丙寅分金

註云 宜合寅午戌局左水倒右流歸戌乾方出斯為房分均匀富貴久遠若右水流左則墓水潮堂三六九房先有禍一四七次殃冲旺破生二五八房遭殃若右水潮堂

三房俱不美更主男女淫乱疾患之災少亡軍賊敗退応寅午戌年月見凶

寅申加艮坤 二分戊寅分金

註云 宜閑申子辰局右水倒左流出辰方出口斯為生旺同归富貴岳疆發福綿遠房房大旺若左水流右是墓水朝堂 詩曰 庫方若倒定為殃少男命不長長房有干碍中房也不祥三男又不利丁財两受傷 郭曰 賠師不会裝卦向翻天倒地論陰陽一代子孫為霜雪难免刀下見伏亡毒藥殺犯毒藥死寡母堂前泪汪汪只因消納不分明申子辰忘災殃

寅山申向加甲庚 二分壬寅分金

註云 宜合巳酉丑局左水倒右流入艮丑方出口斯為房分均匀丁財两旺若水流左則墓水朝堂冲生破旺中子先敗幼男次傷長房不美若左右朝堂三房俱絶不可二五應巳酉丑年及寅年月見凶

寅山申向正下 庚寅分金

註云 宜合亥卯未局左右水朝堂流出未方出口斯為房分均匀人財並盛若右水倒左則向水到堂定主先傷一四七子次損二五八房若左倒右 詩曰 破軍侵帝旺之鄉身亡一命之奇三六九房有損傷二五八

房也見䂨時流破生方主少亡一四七房
亦有伏更主房瘵疾之災應寅卯未年月
見凶
甲庚加寅申 二分甲寅分金
註云宜合申子辰局流入長方出口斯為犹
能發福俱不能久若右倒左出口則長中
二房不見惟幼房發福若右(左)水流左(右)則死
水朝堂定主幼房壽䂨長男也䂨若左水
朝堂均旬禍不可言應申子辰年月見凶
甲山庚向正下 水音分金
註云宜申子辰局水流左長方斯為房分均
旬富貴久吉祥更主房瘵之疾應申子長

及亥卯未年不利 每甲庚加寅申同斷不差
甲庚加卯酉 二分丁卯分金
註云宜合寅午戌局左水倒右流乾戌方出
斯為富貴久遠丁財並旺房分均旬若水
右流左則墓水朝堂時庫方若到定為䂨
長幼兩房大不祥更兼中男亦俱敗人財
兩損妄神曰帶殺任他富貴少年亡應寅
午戌年見凶
卯酉加甲庚 二分乙卯分金
註云宜合申子辰局左右水朝堂入長方出
口艮寅斯為房分均旬富貴大發若左水
流右而出必主先伏二五八房次損三六

九房後損一四七房右水流左朝堂房〻
不美禍不可言更主疾咳之病应申子辰
不利

卯山酉向正下 辛卯分金

註云 宜合亥卯未局右水流左入坤方斯
為房〻皆美富貴久遠若俱右朝堂三
六九房先不美中房次伏若左右水朝
堂房〻不美禍不可言应申子辰年見
凶

卯酉加乙辛 二分癸卯分金

註云 宜巳酉丑局左水倒右流归丑方出口
房分可美必主富貴綿遠 郭仙云 武曲梅花
未迎馬上街近帝居定主代〻富貴若水
右流左朝堂三六九子先敗長中兩房难
当若左水归右三房有碍應巳酉丑年月
見凶

乙辛加卯酉 二分山卯山酉分金

宜合申子長局此吉凶甪甲庚卯酉同斷
不差主長年不吉

乙山辛向正下 火音分金

註云 宜合寅午戌局左右水朝堂流归酉方
出口斯為房分均匀初代發福难以久遠
若大地求係富貴右水流左長房先不利
中幼难免反局久吉 詩曰 辛向黄泉乾莫流

生男先死弟難留殺男長郎連弟合一家
大小浹双流若左水流右則冲旺破生先
損中房次俠長房時流破生方主少亡目
前人丁旺必主男女咳嗽之疾禍不可言
應寅午戌年月見凶
乙辛加辰戌 二分戌辰戌戌分金
註云 宜合亥卯未局右水倒左归未方出口
郭云 四个祿存皆流尽兒孫傘浔錦衣归武
子文孫真九代荣華富貴世罕稀斯為房
分均匀富貴久遠若左水倒右直去而来
必主幼房之災中長兩房次敗若左右水
到房々不好何後大凶應亥卯未年月見凶

辰戌加乙辛二分庚辰庚戌分金
宜合巳酉丑局見巽丙丁坤庚方水到堂
流亥丑方出口為廉貞祿存水去貪狼朝
未 郭云 進神武曲同入局文孫武子位三公
舉子声名傳天下萬稅錢粮馬上抬斯為
公位均匀發福無疆若右流左幼房先損
長中兩房亦伏吏主軍賊逃亡忤逆風声
淫乱孤寡還訟大敗若左右水朝堂房々
不均禍不可言應巳酉丑年月見凶
辰山戌向正下 壬辰分金
宜合申子辰局宜坤申流出子癸入辰巽
巳方出口斯為房分均匀若右流左冲旺

破生先損二五八房時曰流破生方主少亡
長房亦有伏縱然家豪富人丁却有伏若
左水倒右沖生破旺一四七房先敗二五
八房亦伏兼之流破旺方家財浪蕩餘有
三六九房亦好若左右公位不均更主咳
嗽癆瘵之疾應申子辰年月見凶
長戌加巽乾二分甲辰甲戌分金
宜合吳午戌局左右水潮堂流入戌乾方
出口斯為生旺同歸庫地是主房分均勻
富貴並盛永世百福若左水流右則冲生
破旺先損二五八房次損一世七房向上
若有水到堂三六九房不利若右水流左
則一四七房雖保二五八房亦防向上無
水幼房無碍水若到堂禍不可言應寅午
戌及辰年見凶
巽乾加辰戌二分丙辰丙戌分金
宜合申子辰局宜坤申庚酉亥子丑寅到
堂流辰巳方出口房分均勻此水房分不
均丁財不盛若無別墓塚崩難獲大福水
流左自右而出則冲生破旺長中兩房先
敗幼房顯英雄水若從流而左幼房次凶
長中兩房亦遭殃縱然有財谷人丁為霜
露更主瘟火遭官訟出少亡養女招郎禍
應申子長及巳年見凶

巽乾向正下　水音分金

此吉凶丙丙長分金禍福仝斷不差更主絕児郎双肩人脚離鄉逃亡軍賊大敗男女淫乱咳嗽之疾应申子長及巳午年見凶

巽山乾向加巳亥　二分己巳己亥分金

宜合亥卯未局右水流左未坤申出口斷為生旺仝到房房大旺富貴久遠若水自左流右則病死墓水到堂幼房多有禍長房大不祥或左右水未亦主房不均更主絕児孫出人目盲大脚離鄉逃亡大敗男女淫乱走遠鄉禍應亥卯未及巳午年見凶

巳亥加巽乾　二分辛巳辛亥分金

宜合巳酉丑局左水归右流入丑艮方出口斷為生同归定主蠡斯蟄蟄科甲蟬聯　詩曰房房大旺富貴長遠水若右流左出口庫方若到定為殃幼房先不祥長中次吉利人財空亡若左右水朝堂亦不吉房分不均禍不可言更主軍賊徒流千連公訟少亡孤寡換姓招郎大敗禍应巳酉丑年見凶

巳山亥向正下　癸巳癸亥分金

宜合寅午戌局左右水朝堂則流出戌乾亥去　詩曰四个祿存都流尽子孫奪得錦衣

回子孫四代公卿位若有之玄水流入四
代狀元九代官果然橫植星農吉緞前一
舉助君王九代房房大發旺若右水流左
則冲生破旺長中兩房先敗或右水自左
中紛兩房命不長長房亦不祥更主忤逆
公訟淫蕩应寅午戌及巳年見凶

丙壬加巳亥 二分丁巳丁亥分金

宜合申子長局左水出辰巽巳方斯為人
財盛旺長幼兩房可好中房受殃若水右
流左少男受傷則冲破旺方中子災殃流
破生位長子亦殃若左右水潮堂三房俱
不美禍不可言切不可下应甲子辰未年
見災 此名為受龍後主為禍官訟瘟疾連年退敗

丙山壬向正下 火音分金

宜合寅午戌局右水長左水短合流戌乾
亥方出口斯為生旺同归房々大旺富貴
綿遠若水自左流右辛乾水到 詩曰 壬向黃
泉水莫流長男先死弟难留太歲加臨災
禍到只留長嫂泪双流三房俱不美倒排
陰陽天下有敗子孫有絕莫怨天应寅午
戌年見凶

丙壬加午子 二分庚午庚子分金

宜合申子長局西水向北流東艮寅甲卯
乙辰巽巳方出口 詩曰 貪狼武曲水來朝家

富萬般饒三男宰相登天秀五官中合鎮諸州斷為房分均勻富貴長遠若穴高水低四水見來去明堂寬濶至此悪提形翰林之貴若水自東北流西則墓絕水潮堂先損幼中兩房次損長房更主少亡禍凶

申子辰午年見凶

午子加壬丙二分壬午壬子分金

宜合亥卯未局必從東北而西南流歸未坤方出口淂逆勢朝堂可立此向若水從左流右則冲生破旺長幼兩房先敗中房次傷水若自右倒左中男先受禍長男次受殃幼男就可好若左右水潮堂流向上出口三房俱敗禍不可言亡亥卯未午年見凶

午山子向正下 甲午分金

宜合巳酉丑局左右水潮堂流子癸丑艮方出口斷為房分均勻難保久遠若左水倒右則冲生破旺中男有虧流破生方主少亡長男亦有傷幼男好美若水自右流左長幼兩房不利中男也傷更主人丁不盛养女招郎二代主絕詩曰一龍行到三公位中代主貧寡婦風声淫乱自是向中逢咳嗽之疾不能免也巳酉丑年不利

午子加丁癸二分丙午庚子分金

宜合申子辰局左水倒右流辰巳方出口
詩曰乾甲坤山馬上橋此位文官極品貴朝
臣祿職作官僚稅錢五黑併三州子孫个
个受皇恩斯為房分均匀富貴久遠若水
自右流左則墓水潮堂幼男受禍災中房
先損水若左右到堂房房不均禍不可言
申子辰年不利

丁癸加午子二分戊午分金

宜合寅午戌局要龍水閑合右水流左出
口戌乾去 詩曰貪狼武曲朝入穴定主兒孫
朝金闌房房大旺富貴綿遠若水從左流
右幼男先敗長男次遭殃中男獨子消納

不均匀禍應寅午戌及未年見凶

丁山癸向正下 金音分金

合巳酉丑局左右水潮堂流入丑艮出口
一代旺人財出秀之地房分均匀初代若
水自左流右中男宵有碍幼房頗發千
若水自左流右長幼兩房先不利中男受
災更主少亡公訟咳嗽之疾軍賊逃亡死
大敗應巳酉丑未年見凶

丁癸加未丑二分辛丑分金

宜合申子辰局閑龍水左水倒右流辰巳
出斯為房分均匀富貴綿遠發福靡涯若
水自右流左病死墓絕明堂庫方若到定

為狹幼男命不長長男次見敗中男亦有
狹三房俱不美水来灵為鬼禍福無差斷
為谷裏若还兩水夾到堂房〻大敗禍不
可言更主忤逆少亡孤寡軍賊男女淫乱
亥申子辰及未年見凶

未山丑向正下 山未分金
宜合巳酉丑局左右水潮堂流入丑艮方
出口初代發福但不久遠若水自左流右
中男禍長男次狹向上大水朝堂少男先
敗若水從右流左房〻不美人財兩敗更
主咳嗽癆瘵之疾少亡刀鎗杀死徒流下
浅奸淫竊盜乏嗣応巳酉丑未年見凶

未丑加坤艮 二分丁未分金
宜合申子辰右水倒左流入辰巽出口斯
為生旺同丸人財叶吉房〻大旺富貴双
全若水自右流左生旺俱破死墓朝堂幼
男先敗長中次傷若左右水朝堂流子出
口三房俱不美禍不可言応申子辰未年
見凶

坤艮加未丑 二分己未分金
宜合寅午戌局宜右水流左遠堂凶戌乾
方出口斯為房分均匀螽斯衍庆科甲聯
芳發福不浅若水自左流右出口先伙少
男次損中長三房不美若左右水朝堂定

主房分均匀不必尽祥应寅午戌申年不
利

坤山艮向正下 土音分金

宜合申子辰局宜左流右辰巳方去初代
平々繼有正地正穴三代大發少子旻孫
抱养女多男少本家败絶养女招郎々發
不攸久若水自右流左庫方若到定為殃
少男命先亡長中两房难留住人財两遭
殃唉嗽從自出絶嗣在此災应申子辰午
年見凶

坤艮加申寅 二分壬申分金

宜合巳酉丑局左右水朝堂流归丑艮方

出口主房分均匀文孫武子富貴双全若
水自左流右中幼两房不利生方流破長
房受災殃中男亦伙幼房亦好應巳酉丑
申年欠吉

申寅加坤艮 二分甲申分金

宜合申子辰局左水倒右流辰巽出口 日詩
四个祿存流尽兒孫奪潟錦衣回房々大
旺子孫及第富貴双全若水自右流左伙
胎养破旺方長幼两房受殃中房次損左
右来朝亦不吉禍不可言應申子辰年月
見凶

申山寅向正下 丙申分金

宜合寅午戌局右水倒左流入戌乾亥出
口斯為初代房分均匀發福不久水若自
左流右長幼先敗中男必伏倘無别墓塚
保必主啖嗽之嗣凶不可言應寅午戌申
子辰年見凶

申寅加庚甲二分戌申分金

宜合申子辰局左水倒右流入辰巳方出
口吉凶與甲申分金同斷不差若水從右
流左子癸乾亥方去詩曰長山長水主逃亡
天上破軍來長房少亡官訟說敗了太歲
加犯不可當應申子長年見凶

庚甲加申寅二分庚申分金

宜合亥卯未局左水倒右流入未坤方出
口長男俱好中男次之人丁蕃衍財谷虛
空若水自右倶左中幼两房受禍長生水
冲長房有禍主少亡絕後除根災愆禍患
禍不可言應亥卯未及丙年見凶

庚山甲向正下土音分金

宜合申子辰局左右水朝堂流入辰巳方
出口初代發福均匀不能久遠若水自左
流右則冲生破旺中房有災長房有伏人
財兩敗主子孫遊蕩啖嗽纏連然後主絕
時師慎之禍應申子辰酉年見凶

庚甲加丙卯二分癸酉分金

宜合巳酉丑左水短右水長流入朝堂归
癸丑艮方出口斯為房分均匀富貴双全
右水倒左長幼两房可好中男赔庇人財
丁旺不聚矣若水自左归右中少二二房
受災長房須好亦久安縱然有才人丁憂
敗少亡主出師巫九流應巳酉丑年見凶

酉卯加庚甲二分山酉分金

宜合申子辰局右左水潮堂流出辰巳方
出口房分均匀富貴双全發福綿遠若水
自右流左幼房先損中男遭殃水若左归
右中男先不祥長男亦不利主少亡人丁
不旺応申子辰及酉年見凶

酉山卯向正下丁酉分金

宜合寅午戌局向上两边夾流出乾戌亥
方去房分均匀若結之穴初代尤可二代
不旺人具餘之水無論左右流動房ゝ主
絕詩曰天孤龍處杀星辰貴則無成富則貧
一代如雷快發福兒孫不久便絕人謝卯
酉相逢主杀伏刀下見身亡一代發福二
代絕貧窮孤寡少年亡更主咳嗽之疾時
師慎之切不可妄為禍応寅午戌酉年見

酉卯加辛山二分己酉分金

宜合申子辰局左右水朝堂流入長巳方定
主人財盛旺富無攸詩曰馬不上街官不出

秀才定説好文章房〻均旬若水左右朝
堂流归乾亥壬子癸出口禍乚酉分金同
斷不差应申子辰酉年見凶
辛乚加酉卯二分辛酉分金
宜合亥卯未局左水流出未坤方出口大
地為不絶小地亦旺人丁田地牛馬六畜
房分均旬若右水流左長幼两房有禍中
男之災若尖別基塚保駕人財两敗若左
右水潮堂主房〻不吉禍不可言亥卯未
及戌年見凶
辛山乚向正下　水音分金
宜合申子辰局左右水朝堂流入乚辰巽

巳丙出口房〻大旺發福久遠縱然前人
財盛不过五代吏汀冷若水左流右中男
有碍幼男頗祥主少亡水若倒左出長幼
两房有損中子也伏子孫浪蕩敗外風声
咳嗽徒流軍賊黄腫古病應申子辰戌年
見凶
辛乚加戌辰二分甲戌分金
宜合寅午戌局宜流入辛戌乾亥出口逆
勢朝堂可立此向房分均旬發福不淺若
左水流右長幼两房受伏中男遭殃若水
右流左中男有損長房有伏不旺人丁子
為早田秋谷枉死少年亡左右水朝堂流
入巽丙丁出口房〻皆凶亡寅午戌年凶

戌辰加辛山 二分丙戌分金
宜合申子辰局左右水潮堂流巽辰方出口生人聰明富貴双全發福綿遠房々大旺若左流右中男先禍若向水朝堂幼男有損若右倒左房々大敗人財丙良少死逃亡應申子辰及戌年見凶

戌山辰向正下 戌戌分金
宜合亥卯未局左水流右出口未坤方去岂房分均匀初代發福难保久遠若右水流左幼房大敗中房有損人才兩敗或左右水朝堂三房俱不美应亥卯未及戌年見凶

戌辰加乾巽 二分庚戌分金
宜合巳酉丑局右水倒左流入丑艮寅方出口房々大旺富貴会疆 詩曰 貪狼武曲水未朝中房年々進横才此位星辰实难得子子孫孫助帝台 祿 代代為官不下職稅錢五濟三州有兜騎馬遊田庄若水左边流右去先敗少子併長子次敗中男主少亡退敗之時应巳酉丑戌年見凶

乾巽加戌辰 二分壬戌分金
宜合申子辰局左右水朝堂流入辰巽巳方出口人財並旺富貴綿遠出人聰明房々均匀若水右流左長先敗中房有傢人財

不旺幼男安康応申子辰亥年見凶
乾山巽向正下 金音分金
宜合巳酉丑局右水流出丑艮寅方去初
代頗好但不久遠若左水流右幼男留不
住長房亦不祥中子也遭殃人才却难当
更主咳嗽痨瘵瘟禍官事軍賊少亡災殃
年〻有禍代三代絶根苗縱有豪積富眼
前一掃光災応申子辰亥年見凶
乾巽加亥巳 二分山亥分金
宜合寅午戌局宜迴龍顧祖逆勢朝堂流
入酉戌出口房〻均匀但發不久若左倒
右先損長房次損中男幼子可好若右倒左

長幼两房大敗中男也伏家財退敗主亡
軍賊逃亡官訟痨瘵之疾左右水到房〻
大敗応寅午戌亥年見凶
亥巳加乾巽 二分丁亥分金
宜合申子辰局左右水朝堂归辰巳丙出
口定主富貴双全代〻出官房〻大旺水
若右流左中長两房見禍幼子獨旺左水
倒右中幼两房暑利長男欠安才岀有人
丁不良申子辰亥年見凶
亥山巳向正下 巳亥分金
宜合亥卯未局左水倒右流入未坤方出
口宜閑酉戌朝堂主房分均匀若東水向

南寅甲卯山水流辰巳丙午未坤出長流
大吉大發富貴双全七代榮華文官職房
房大旺水或右流左長幼先受災中男也
防殃嗐詩本代買田本代賣子孫代々敗咳
嗽乏嗣應亥卯未年見凶
亥巳加壬丙 二分辛亥分金
宜合巳酉丑局右水流左向上水朝堂流
歸丑艮方出口房々大旺人丁蕃衍富貴
綿遠若水自左流右長幼兩房受災中男
有殃或水左右朝堂主公位不均禍不可
言應巳酉丑亥年見凶

廿八宿
角宿十三度太始巳己之六分終甲辰之
六分三度吉三凶四五犯関煞吉七犯差
錯八凶九合比斗高起星吉十十一吉十
二併太度凶
亢宿太始甲辰六分中壬辰六分一度凶
二犯小空亡三吉四五関煞六平七凶八
吉九犯大凶
氐宿太始壬辰一分終乙卯四分十六度
少犯関煞三度驕官星吉四合文星吉五
合將星吉六七犯関煞八合貴人星吉九
十十一俱平十二生氣吉十三十四凶十

五差錯十六吉
房宿五度太始乙卯四分中癸卯五分一
二度四犯関煞五合陰德盬詞
心宿六度太始癸卯五分終辛卯七分壹一
度犯小空亡六合太子侍從吉三四犯関
煞五犯羅網六犯白虎田蛇凶
尾宿十八度始辛卯七分中甲寅八分二
度凶二三犯大空亡四吉五合紫微星吉
六七平八凶九合帝座吉十犯小空亡十
一犯関杀十二十三平十四凶十五併十
六十七犯関杀十八犯天貪星凶
箕宿九度始甲寅八分中壬寅一分一二

吉四 三凶六七関杀七犯小空亡八平九
犯惡杀半度
斗宿十二度始壬寅一分中癸丑五分一
合生氣高甲星二吉三四平五大空亡六
貴子星吉七八犯関杀九十吉十一合寇
相星吉十二十三犯小空亡十十四合明家
桂石星吉十五合三元吉十六凶十七十
八吉十九天貴吉廿犯差錯廿一凶廿二
太度平
牛宿七度始癸丑三分一度凶二合帝星
吉三四犯関煞五犯小空亡六凶七吉
女宿十一度始辛丑三分終丁丑三分一

度吉二三犯関杀四凶五六犯大空亡七
合貴星吉八合黄道九合天才吉十十一
凶
虛宿九度始丁丑三分終壬子一分一度
凶二三犯関杀四合富貴吉五合过府星
吉六合大貴星吉七平八九犯関杀
危宿十六度始壬子八分終丙子分八一
度二三吉四五犯関杀六合倉庫吉七凶
八犯小空亡九凶十十一合更星十二平
十三凶十四犯黑道十五十六犯関杀
室宿十八度始丙子八分終辛亥一分一
二吉三合人道吉四五犯関杀六吉七犯

小空亡八犯田蛇九合天皇吉十十一犯
関杀十二合斧錢星吉十三合斧柄星十
五犯関杀十七十六十八平
壁宿九度始辛亥七分中己亥二分一度
各五染巾帽星吉二合上司待從吉三四
平五空亡六関煞七吉八合外屏從吉九
凶
奎宿十八度始己亥二分終壬戌三分三
度吉三四大空亡五六合天府星吉七黄
道福寿星吉八天倉星吉九吉十凶十一
小空亡十二十三平十四陽錯十五吉十
六平十七十八差錯

婁宿十二度太始壬戌三分終戊戌四分
一度天倉星吉二三関煞四天文將軍星
吉五平六七吉八犯小空亡九十平十一
凶十二陽差太度犯黑度凶
胃宿十五少始戊戌四分終甲戌一分一
度吉二三大空亡四関杀五吉六才庫星
吉七吉八太陰吉九天河大壯吉十十一
小空亡十二天輔捴領星吉十三平十四
十五凶
昴宿十一度甲戌一分終己酉二分一度
平二差錯四黃道吉五六関煞七八吉九
凶十十一惡杀小空亡

畢宿十六度半始己酉二分終癸酉四分
一度合八座吉二平三合天主諸郎星吉
四平五遙奔凶六七関杀大空凶十一天
子耳目星吉十二十三関杀十四十五小
空亡十六平半度吉
嘴宿半度吉始癸酉四分
參宿九度半始癸酉三分終戊申七分一
度平二三関杀四凶五差錯六国子吉七
八関杀九紫微半度吉
井宿卅度小始戊申七分中丁未六分一
平二黑凶三空亡四五平六生氣七凶八
九平十十一関杀十二凶十三吉十四郎

官吉十五凶十六生氣吉十七凶十八小
空亡十九廿吉廿一廿二関煞廿三凶廿
四富貴廿五廿六差錯廿七廿八関杀廿
九聾啞破家卅併少度凶
鬼宿二度半始丁未六分終三分一度積
屍星凶二半度小空
柳宿十三度半始丁未三分中辛未八分
一度文星待郎星吉二三関杀四諸侯执
政星吉六七平八九大空関杀十十一十
二十三半吉
星宿六度太始丁未分八終辛未一分一
度平二小空亡三吉四文星壽星吉五平

六併太度凶
張宿十七度太始辛未一分終壬午九分
一合宰相星吉二郎官吉三南針差錯四
吉五天牢刑獄六七関杀八九吉十小空
亡十一比斗天福星十二权府吉十四凶
十五十六平十七太度杀
翌宿廿度少始壬午九分中乙巳六分一
大空亡二長壽星吉三平四凶五六関杀
七吉八小空亡九凶十生氣吉十一十二
黃道吉十三卯堂吉十四凶十五十六差
錯十七十八関杀十九兵权廿諸侯吉
軫宿十八度太始乙巳六分終巳巳六分

一二諸候吉三小空亡四八座吉五平六
三合七八平九凶十十一閑殺十二太極
星佐府吉十三凶十四平十五外質庫樓
吉十六十七閑殺十八小空亡太極亦凶
用者避之凶者趋之吉者慎之詳細
角奎井斗属木林　軫壁箕參是水神
胃女氐柳是土位　亢婁牛鬼四金精
嘴尾翌室火最旺　四月四日火同情
星房虛昴四君火　張心危畢相火論

瑷林踵認穴情斷訣

一登龍祖山遠望對將高聳峰起石凸岩
崖似甲眞魚鱗様饅頭員朝上中必扦朝
下中央穴甲山向中堂中堂穴不當朝山
向青龍青龍石無數朝山向白虎白虎石
童〻对案生赤石其穴定是黄若然黑白
色其穴定主赤粉形朝山脚似甲石形本
身扦取半中央若然生得青黄石扦取穴
堂黑白多
二登龍身本祖山左右前後看四應龍行
祖龕甲石連穴取中間定不全玄武鱗石
或方員定斷穴中祿綿〻若是生得蓮花

格上取穴法用不得珠簾生巧青黄赤定
取穴堂黄共白
三登龍身水砂形脚似鱗甲仔細尋上分
下合中必取兩边微〻鎖过身必主中央
黄白色再看偏員道分明
四登朝山石堆〻或向高騎或向低或向
中央戊己黄帝地員偏石應妙乏微
五登朝山石聚〻或倘高騎或向低或在
兩傍中骭他先貢留与後人知
朝山有石赤白之定取穴堂五色全浮浅
入首必在外泥微須教裡内边更有二石
粉石色鉄線闪门黄共黑　赤紅黄白青

黑總式

陽宅断訣

神座下坛土地位生着苔主冷退有白
圈影主男人口舌有蓋圈影主女人口
舌是非瓦上生白点主損丁瓦上紅色
主盛脛瓦溝生流苔主冷退不興丁燕
门吊稈主死人見廳堂紅赤次眼多生
痨疾光鲜主興屋子白欄孤寡便生欲
識人家当代衰遠望青山樹木茂上角
烟青上角衰下角烟明下角興此是楊
公真秘訣叮嚀切莫乱傳人

登山訣

一登山有碑看碑有石看石有磚看干湿乾則内干湿則内湿碑両石全看五色青紅黄白黒両金木水火土同例断

楊救貧看房屋秘訣

凡入人家先看房看人住屋有乘張门棲屋脊及廳堂簷瓦落今家長忙若然落後寔堪悲断他宅母定归西屋倒東今家長死屋倒西今宅母崗屋瓦倒左長男死屋瓦倒右小子丢細現天井及廳堂上有菁苔主少忙屋上君然生白花人丁当損莫咨嗟天井中间起土堆墮胎病患及児孫堆上栽花溼乱事當

门有井起風㲄更有痨病起此中招話両時師仔細消有井後堂同此論井屋若对大门安婦人多内乱小屋倒破在门前官事起連々破屋當门直冲射人損血財凶或若中高両頭低三年両度哭児孫大樹當门口疾病常年有水碓若然打入屋少死人丁哭人嫌男子愛貪花到處叫寃家门前左畔有池塘代々進田庄门前右畔有池塘世代换妻房両边池塘中心路自吊少年亡门前池塘似耳圖世代積润錢池塘若然有三角男女夌隅角三口池塘蓮花様富貴人丁旺对门有獨樹寡母堂

上住三樹四樹大门迎富貴有穀名樹尾交加盡指门横事又相連大门对空屋男女常啼哭门前若有無烟屋三年兩度哭兩庫若有门相对必主一家退门前八字路男女離鄉土大门对神坛祭鬼不曾閑大门对樹林眼目不光明大门若有十字路年ゝ招官事大门若向碓家中年ゝ退廳堂墙籬前轉灣ゝ富貴萬千年籬墙勾曲何门來被賊盜家財籬墙多破碎家計年ゝ退若見廳中塞冷退損六畜廳前無地屆田禾是隔宿廳前兩壁般ゝ大男女無損害左边壁大損妻房右边壁大募母

当房屋若造兩门平富貴旺人丁其房若然造四屋騎馬食天祿有堂帶所宅男女是災危人家若偷弟二柱次房定雅住上架弟三柱作棟三房定然凶或有枋柱蚯蛀空出人必然聾

總斷秘訣

何知坟内骸骨倒只因穴缺風來拂

何知人家不旺財　源頭無有活水來何知人家出盜賊四边山脚似芭鈎何知人家婦墮胎前山覆壓兩脚開何知人家吊頸死龍虎頭上一條路何知人家富又富員峰端正皆拱固何知人家貧又貧山巫

水走去閑圍何知人家多退敗斜側明堂
反何外何知人家受孤恓風吹水刲案山
欺何知人家出斗筲明堂逼穴案山高何
知人家出師巫左右案山献香炉何知人
家出跏跛前後金星脚帶火何知人家出
瞎眼明堂土堆石尖鏟何知人家出長頸
前後恰似葫芦様何知人家出癩頭门前
崖石似魚鱗何知人家和尚前山好似鉢
益様何知人家出道士手拿鐃鈸山相似
何知人家出瘋癩门前案山似馬面何知
人家被火燒四边山脚似芭蕉何知人家
出滛女明堂水斜砂攏堂何知人家出滛

漢足有献花山作案何知人家常悲哭面
前因有神庙屋何知人家慫聚財源頭常
見活水来何知官訟口舌来门前案山似
口闹何知人家招人命扛屍山在水口是
何知外死扛屍归案山頭高一頭低何知
人家招口舌朱雀破頭来照穴何知年：
被賊偷案外見有側面山何知人家不住
財當前獨衝不宜栽何知人家災殃見當
面直射蛋鴉箭何知人家六畜瘟门當牛
欄禍不輕何知人家動瘟瘽门前厠房及
灰房何知人家惹災殃前忌牛欄後忌倉
何知人家出凶悪怪石当门如覆杓何知

人家出孝順龍虎盤旋不相悪何知人家出忤逆龍虎尖閙砂水逼何知人家出巧女娥眉山对面前起何知人家出文官左右排来掛榜山何知人家出武官左右列有旗鼓山何知人家出幽匠尖峰閙了芒箒様何知人家弟杀哥青龍渺〻去投河何知人家兄欺弟青龍昂頭白虎避何知人家父子离两边龍虎各自敌何知人家坟出富龍虎節〻倉庫何知人家坟出穷提籮山在生乞人何知人家坟出賊案山探頭山斜側何知人家坟出水坟無脉氣項不起何知人家坟出拟脱脉四風吹穴裡何知人家坟均匀抱身龍虎两調停何知人家坟不利前山破碎困墊隆何知人家坟管事石碑乾淨無滞氣何知人家坟内干請君先把石来看何知人家坟内湿墓碑脚下青苔湿

論明堂 明堂管二五八

明堂容萬馬不閑嫌聕 野明堂聚窩釜家富足田土明堂是掌心家富斗量金明堂砂圓局彀名播遠鄉明堂倉板橋財寶足丰饒明堂災囹絮良田千万傾明堂似車槽田園守不牢明堂水斜側婦女貪花色明堂似竹梘家敗終不免明堂似簸箕退敗

守孤西明堂水牽牛撮土也难留明堂反
向外子孫離鄉敗

論青龍管一四七

青龍如牛角家計與焯ヽ青龍如盤蛇與
家子勝爺青龍如臺指發積富無止青龍
三五重崇華並右崇青龍逆水澗買田又
買山青龍書向外家業資財敗青龍抱住
穴發積年ミ益青龍起倉庫金宝無記數
青龍斷了腰家下似火燒青龍尖了嘴兄
弟相齟齬青龍強嫉主長房人口死青龍
崩了山口角有多般青龍不顧穴逃走多
昏舌青龍尖了鑽不焉休便看青龍擺了

司打不了雀朱破澗口瘟瘴併逃走朱雀
側了面賊風誠不淺朱雀吐烟火災病病
难躲朱雀如鋸齒癆瘵年ミ起朱雀高过
腦代ミ出寡婢朱雀捶高天一發絕人烟
朱雀展金星敘後人聰明朱雀圓ミ腦發
富多財宝

玄武論

玄武降叅䳌崇華实可誇玄武重簾帳為
官必拜相玄武重ミ起融結真風水玄武
有遮攔代ミ列官班玄武不垂頭代ミ子
孫愁玄武為壁立氣脉從何入玄武若崩
裂官災定不測玄武有文路自縊多差悞

玄武石嵯峨氣脉從何過玄武有泉寵萌
佑主龍骨
水口論
水口不容舡富貴永無憂水口有華表子
孫登科早水口砂攔轉富貴終綿遠水口
獅象排打馬遊金街水口龜蛇仔青年登
科早水口城门閉發福終不退水口排鎗
旗武官有威儀水口大石簇此石名福祿
水口螺螄塞錢粮兩伯得水口三五里衣
食永興隆水口闊十里家富貴無已水口
兩捍门榮華万々春

尾穴代年々起青龍來作案家積千石貫
論白虎 曾三元
白虎轉灣々田地遍鄉间白虎脚下賑貫
尽鄉村田白虎似賑弓金玉滿家中白虎
似卧蚕富貴賽江南白虎似排衙代々主
榮華白虎斷了腰人命賊來招白虎大着
頭小子有悲愁白虎捧明堂子孫出少亡
白虎似提胞子孫決遭凶白虎似御屍年
年哭小兒白虎為拭泪刑尅兄弟和白虎
來擁腫小兒似絕種白虎讓青龍兄弟兩
和同白虎闭了口是非常不了白虎壓穴
逼乞丐討飯喫白虎閉青龍兄弟不相容

白虎兩三層發福永無崩白虎重重抱局
前人喝道白虎隨水出子孫賣田筆白虎
隨水斜喚作窩鄉妙白虎軟爲錦孝順四
方傳白虎似木鑽人丁不見半白虎路交
加室女愛貪花產難并自縊長病總堪嗟

論朱雀管三五八

朱雀未端正爲官待國柄朱雀尖峰越墓
宅出三公朱雀似紅旗將軍奮武威朱雀
如掛榜穀名平地响朱雀兩三重發積有
誰同朱雀如文筆登科居第一朱雀現娥
眉女子作宮妃朱雀如天馬翰林官不假
朱雀如幞頭必定作公候朱雀破了頭官

心一堂術數古籍珍本叢刊　第一輯書目

堪輿類

章仲山挨星秘訣（全彩色）
臨穴指南
靈城精義箋（全彩色）
堪輿一覽
三元地理真傳（線裝）
姚氏地理辨正圖說
地理辨正補
欽天監風水正論（線裝）
蔣徒傳天玉經補註
三元天心正運（全彩色）
元空紫白陽宅秘旨（全彩色）
羅經舉要（全彩色）
漢鏡齋堪輿小識
陽宅覺元氏新書
地理辨正補註
許氏地理辨正釋義
三元地理正傳（全彩色）
地理辨正天玉經內傳要訣圖解（全彩色）
地理方外別傳
星卦奧義圖訣（全彩色）
地理秘珍
三元挨星秘訣仙傳（全彩色）
欽天監地理醒世切要辨論（全彩色）
地理辨正抉要
地理法門全書
地理辨正抉要
元空法鑑批點本，秘傳玄空三鑑奧義匯鈔合刊
元空法鑑心法
地經圖說
地理辨正自解

謝氏地理書
地理學新義
平洋地理入門、巒頭圖解合刊
平洋地理闡秘（全彩）
華氏天心正運
地學形勢摘要
司馬頭陀地鉗
鑒水極玄經　秘授水法　合刊
地理輯要
地理辨正揭隱　附連成派秘鈔訣要
地學鐵骨秘　附　吳師青藏命理大易數
趙連城秘傳楊公地理真訣
趙連城傳地理秘訣附雪庵和尚字字金
山洋指迷
三元挨星四十八局圖說
張氏地理錦囊
青囊一粟
堪輿秘訣彙釋
風水正原
風水一書
金光斗臨經

命理類

命理大四字金前定數（全彩色）
韋氏命學講義
命理斷語義理源深
千里命稿
文武星案上下卷
精選命理約言
斗數宣微
斗數觀測錄
地星會源斗數綱要合刊（全彩色）
皇極數（１－４）
星命風水秘傳百日通
鐵板神數（清刻足本）——附秘鈔密碼表
邵夫子先天神數（１－２）
斗數演例（全彩色）
滴天髓闡微——附李雨田命理初學捷徑
算命一讀通——鴻福齊天
命學採驪集

命理用神精華（原本）
澹園命談
命理尋源
新命理探原
滴天髓微義

占筮類

擲地金聲搜精秘訣
卜易拆字秘傳百日通
易占陽宅六十四卦秘斷

相法類

相法易知
相法秘傳百日通
新相人學講義
手相學淺說
神相全編正義
相門精義

三式類

壬課總訣（全彩色）
六壬教科六壬鑰
壬學述古
奇門揭要（全彩色）
奇門大宗直旨（全彩色）
奇門三奇干支神應（全彩色）
奇門廬中闡秘（全彩色）
六壬秘笈——韋千里占卜講義
奇門行軍要略
大六壬類闡（全彩色）
大六壬尋源二種
秘鈔大六壬神課金口訣
秘傳六壬課法附金口訣
大六壬指南
甲遁真授秘集
大六壬尋源二種（上）（下）
奇門心法秘纂（全彩色）
奇門仙機（全彩色）

其他類

述卜筮星相學

中國歷代卜人傳